麵基本分類]

拉麵大至（ラーメン大至）
〔東京・御茶水〕

1

醬油

中華系的麵料理以鹽味為基礎，據說中華麵之所以能在日本博得人氣，關鍵就在使用了日本人再熟悉不過、富含鮮味物質麩胺酸的醬油。所以，說醬油是最能代表日本拉麵的味型、調味料也不為過。也因此，「醬油拉麵」的範圍可說是包山包海，熬湯的材料可以是雞、豬、牛、魚介①，在豚骨拉麵中也會使用醬油。光是醬油本身，又能再細分成溜醬油、二次釀造醬油、以小麥製成的白醬油、色澤清淡但鹽分較高的薄口醬油等品種，在這些醬油中加入食材，作成各種賦予拉麵風味的醬汁。為了方便，現在說到「醬油拉麵」，主要是指清澈湯底的拉麵。雖說如此，醬油拉麵的光譜極廣，從像是町中華這類遵循古法的風格，到走在時代最尖端的創作系拉麵，都可以是醬油拉麵。日本全國各地也都發展出有地方特色的醬油拉麵，在以釀醬油聞名的千葉縣、和歌山縣，拉麵的主自然是醬油味。以前常聽到拉麵店宣稱自己用的是「秘傳醬油醬汁」，但現在也有不少店家選擇公開作法，像是調和生醬油，或是在店裡加熱熬煉醬油，手法很多元。

①泛指各種魚類乾貨。

Zenya（ぜんや）
〔埼玉・新座〕

2

鹽

最早傳入日本的麵料理正是鹽味的。人類的舌頭要感受旨味，必須要有適當的鹽分輔助，所以鹽是所有料理中都不可或缺的調味料。不過鹽不像醬油、味噌這類擁有獨特旨味成分的發酵調味料，光靠鹽本身很難充分表現出美味。所以也延伸出各種提升湯頭風味的技法，像是使用礦物質成分較高的鹽、混合各種風味的鹽，或是在鹽味湯底中加入昆布或貝類的旨味。也因為鹽本身不含旨味，能更直接地彰顯湯底食材的風味，所以作鹽味拉麵很難混水摸魚，以鹽味為主打的店家也很少。反過來也可以說，正是因為店家對湯頭有自信，所以才推出鹽味拉麵。町中華系的經典「湯麵（タンメン）」也是鹽味，但卻是利用中華炒鍋爆炒蔬菜，再倒入高湯，藉以將炒蔬菜的旨味溶入湯裡的手法。至於西日本，或許是因為盛行「強棒麵（ちゃんぽん）」文化，反而不太有人知道湯麵。

3

味噌

誕生於北國札幌的味噌拉麵，在町中華流派的拉麵中也屬於經典口味。它的誕生創造了拉麵史上的最大熱潮，在日本全國都擁有穩定的人氣。味噌本身的旨味很強，所以也難以掌握纖細與濃厚間的均衡，味噌拉麵的始祖「味之三平（味の三平）」就是走味噌香氣若隱若現的平穩路線。札幌式的作法是用中式炒鍋爆香味噌，接著炒蔬菜，再兑入高湯。為了不輸給表面浮著豬油的滾燙湯底，大多會採用嚼勁十足的麵條，老牌製麵所「西山拉麵」的多加水熟成捲麵，有如味噌拉麵的代名詞。其後，名店「純連」「菫（すみれ）」（統稱「純菫系」），創立了香辣、激燙、濃厚的風格，博得眾多人氣。在混合八丁味噌、麥味噌等來自日本各地的味噌後，有人調入山椒、花椒等辛香料，有人加入大蒜、薑、酒粕，有人則把濃度調整到呈現黏稠感，各家店都有自己的秘方。味噌與辣味相當合拍也是眾所皆知的，與札幌味噌拉麵同時期發祥的山形赤湯紅味噌拉麵，就是在魚介高湯的味噌湯底裡，融入辣味噌的味覺變化球。

三寅（三ん寅）
〔東京·江戶川橋〕

4

豚骨

首先我想要澄清一件絕對不能誤解的事，就是豚骨是「食材」，從清澈的醬油湯，到濃厚的味噌底，各種湯頭都可以加入豚骨。這一篇的豚骨，專指一般市面上流通，湯底呈現不透明的豚骨拉麵。豬大骨用猛火滾煮後，會產生乳化（參見P139）效果，變成色白濃厚的高湯。如果要講得更正確，應該叫它「豚骨白湯拉麵」才對，在大部分場合，豚骨白湯都會搭配低含水量的細麵～極細麵。關於這種白濁湯的起源，雖然有在久留米偶然誕生的、從北海道傳來的等諸多說法，但我認為這些起源有可能是同時發生的，或是受到什麼影響而出現。雖然各地都泛稱豚骨，但其實可分成各種部位，依照地區、店家不同，使用的素材可能是豬腿骨、豬背骨、豬頭。有的湯頭油脂含量低，喝來清爽沒有豬臭味，稱為「輕豚骨」，有的湯頭則飄散著濃烈的熟成氣味。對九州人或愛好者而言，這股味道才是魅力所在。有些超濃厚的湯頭甚至會濃到像膏，這種湯就會搭配煮得很硬的超粗麵。

博多長濱豚骨拉麵 御天（博多長浜とんこつラーメン　御天）
〔東京・下井草等地〕

東池袋大勝軒
〔東京・池袋〕

5 蘸麵

蘸麵（つけ麵）指的是把煮過的麵條用涼水冰鎮後，泡進蘸汁裡的吃法。跟蕎麥麵、烏龍麵一樣，如果要享受麵條本身的風味、口感，吃蘸麵必然合理。各家製麵所致力開發原創麵條，採用國產小麥、內蒙古產的鹼水、全麥粉等素材，提升了麵的品質。也因主要是品嘗麵條，蘸汁必須調得較濃，為了讓食客能喝到一滴不剩，多數店家會提供「兑湯服務」。元祖「東池袋大勝軒」的蘸麵，在原來的湯裡加入了「甜、辣、酸」的調味，進入新世紀後，有的店家選擇引入魚粉的粗獷感，有的選擇融合高濃度的魚介、豚骨湯底，並採用風味和嚼勁都強烈的粗麵，充滿力量的蘸麵就此誕生。另一方面，也有細麵搭配清湯的蘸麵流派，這種就是走纖細、高度料理的路線。此外，結合中式麵條與日式蕎麥麵露的「冷中華麵①（ざる中華）」，自古以來在各地都相當普及。現在最新的吃法是「昆布水蘸麵」，把麵條泡進有昆布味道的黏滑汁水中，再蘸鹽或蘸醬汁品嘗，已成為新的經典。蘸麵今後的進化，也令人期待。

①指像吃冷蕎麥麵般，用中式鹼水麵條蘸麵露的吃法。

6

油麵

油麵（油そば）誕生於東京武藏野市，是一種無湯的當地特色拉麵，吃法是把醬汁、香味油和麵條拌在一起，還可依照個人喜好加上醋或辣油，這種客製化正是箇中妙味。公認的油麵元祖「珍珍亭（珍々亭）」，據說其原型是初代店主在學徒時代嘗到的員工餐。在亞洲圈的各地，都有湯汁較少的麵料理（拌麵），但日本的油麵更為簡約，其後也進化成「無湯（汁なし）」「混拌麵（まぜそば）」等型態。名古屋發展出的「台灣混拌麵」也在首都地區製造了爆發式的大流行。

珍珍亭
〔東京・武藏境〕

麵屋 福一（麺や 福一）
〔千葉・成田〕

7

雞白湯

雞白湯是繼醬油、鹽、味噌、豚骨後的第五種味型，大約在2005年左右，正式成為一種新分類。用猛火滾煮雞架子，就能讓湯頭有如豚骨湯般乳化而變得白濁。有許多雞白湯都是口感滑稠又濃厚的濃湯型，但因為比起白濁的豚骨湯，雞白湯異味較少，所以可搭配的食材範圍更廣，或許就是這種健康的形象，也讓許多擺盤時髦的店家格外出眾。世界上有許多不吃豬肉或牛肉的宗教和民族，雞白湯的先驅「丸玉（まる玉）」據說就是出於這個理由而開始用雞來熬湯。

這個分類的湯頭成分接近豚骨醬油，但因為加了豬背油，外觀簡直就像是其他派別的拉麵。比起油膩感，豬油的芳醇和甘美更加出色，與醬油醬汁相輔相成，成就了讓人上癮的一碗麵。而豬背油又可依照添加方式，分為與醬汁一起入碗，或是在盛好的拉麵上頭，用篩網過濾滷透的豬背油塊。因為甩動篩網時，會發出「唰、唰（チャッチャ）」的聲響，所以這種作法又稱「唰唰系」。這類拉麵在1980年代曾經大為流行，如今也有不少為它狂熱的愛好者。明明非常厚重油膩，但半夜就會想來上一碗，簡直是有如毒品的背德系拉麵。

Hope軒（ホープ軒）
〔東京・國立競技場等地〕

8 背脂系・背脂唰唰系

家系總本山 吉村家
〔神奈川・橫濱〕

豚骨醬油擷取了風味豐富的醬油拉麵，以及口感濃厚的豚骨拉麵這兩者的長處，簡言之就是濃厚的醬油拉麵。以橫濱發祥的家系拉麵為首，在當地爆紅的和歌山、島、廣島拉麵，就分類而言也完全屬於豚骨醬油。配合濃厚的湯底，醬油也選用經過熟成的醬油醬汁，打造具有衝擊性的風味。雖然各地的豚骨醬油拉麵都各有特色，但最有趣的共通點是「超級下飯」。

9 豚骨醬油

中華蕎麥 青葉
〔東京‧中野等地〕

10
魚介豚骨

雖然市面上有不少拉麵已經成功調和了柴魚乾、鯖魚乾、小魚乾這類魚介的風味與豚骨的濃醇，但如果湯頭更加強調這兩者的特色，就可稱為「魚介豚骨」，也形成了一種新的味型分類。這種湯頭既有豚骨的濃度，口感卻相當柔和，再加上魚介的和風趣味，讓任何人都容易接受。催生這一分類的，是本店位於中野的「中華蕎麥 青葉（中華そば 青葉）」，受其影響而模仿的諸多店家，則稱為「青葉Inspire系」。之後也衍生出更加提高湯底濃度，或是加入魚粉，或者用雞白湯取代豚骨湯等版本。在魚介豚骨最為流行的高峰期，市面上甚至出現有如複製人般的營業用湯頭，但或許是因為品質良莠不齊，漸漸被時代淘汰；另一方面，在業界普遍追求湯底濃厚化的風潮中，「濃厚魚介豚骨蘸麵」這種新分類也跟著萌芽。雖然也可稱為「豚骨魚介」，但我認為把魚介這種素材名，放在「豚骨醬油」的調味料部分，說不定會引起誤會……所以選擇使用「魚介豚骨」來說明。

11

雞清湯

雞清湯在日本也可稱為「雞與水」「水雞系」，泛指用全雞、雞骨架等素材與水熬成的清湯拉麵。雖然是有如回歸昭和拉麵原點的簡約外型，但其素材與製程卻有著千差萬別，可說是經過研究、洗練的另一種拉麵。

在充滿雞旨味的湯表面，淋上了雞油，與特調的嚴選醬油共同散發迷人香氣。麵體以軟中帶Q勁的類型為主流，也有店家選擇彈牙感十足、風味較強的硬麵，但無論哪種，都是細麵。叉燒分為豬和雞兩種，經典配菜則是乾筍尖或粗筍乾、九條蔥或蘿蔔嬰。因為每一碗長得都很像，所以有些加入魚介、豚骨素材的拉麵，也會被分入「雞清湯」分類。這種味型與前述的「昆布水蘸麵」一樣，都是由「拉麵矢 Rock'n Billy S1」的嶋崎順一，在町田開店的時期（「拉麵家 69'N'ROLL ONE」）發明的。其衝擊性與影響力相當驚人，模仿的店家如雨後春筍般蔓延，2020年代甚至出現連鎖店和加盟體系。

拉麵屋 Toy Box（ラーメン屋 トイ・ボックス）
〔東京・三之輪橋〕

12 煮干

像是日本鯷魚乾、竹莢魚乾這類日文稱為「煮干」的熬湯用魚乾，自古就是會被用在拉麵的高湯素材，但現在的趨勢是更加強調煮干本身的風味，「煮干拉麵」也自成分類。有趣的是，雖然各家都強打煮干，卻也變化出形形色色的版本。有的店家只用煮干和水熬成溫和的湯底，有人則用豚骨等動物食材與超大量煮干，一起燉出超濃厚的底湯。後者甚至因其湯色和濃度被稱為「水泥系」。例如在青森縣，自古就有使用煮干、燒干（將烤過的魚曬乾保存的食品）來熬湯的在地拉麵文化，尾道人也會用瀨戶內海的小沙丁魚乾入湯，全國各地的拉麵都會使用煮干，但確立成一種分類，卻是近年的事。秋田角館「自家製麵・伊藤」店主的弟弟，分家後在２００４年進軍首都區，他帶來的這份衝擊，一口氣讓煮干拉麵文化得以盛放。用在拉麵的煮干還可分為真沙丁魚、鰮仔魚、梭子魚、秋刀魚、墨魚、赤鯮、飛魚燒干等，變化相當豐富。

厲害煮干拉麵 凪（すごい煮干ラーメン 凪）
〔東京・新宿等地〕

蒙古湯麵中本
〔東京·上板橋等地〕

13

激辛

激辛自古以來就是很受歡迎的分類，辣味其實是一種刺激，不能算進五種味覺（甜、鹹、酸、苦、旨）中，但辣味卻能讓感官更加敏銳，使風味更鮮明。可能是期待辣椒素帶來的美肌、瘦身效果……好像也並非如此，不過激辛也很受女性歡迎。雖然市面上已有擔擔麵、麻婆麵這類經典，但為了避免味道相似而變得單調，各家店無不致力展現個性。像是使用哈瓦那辣椒、鬼椒這類辣味超群的名種辣椒，或是加入青辣椒的刺辣感、在紅辣椒的辣中加入花椒的麻等等。激辛拉麵界的第一品牌「蒙古湯麵中本（蒙古タンメン中本）」也並不滿足於其領導地位，不斷致力開發新菜單。至於各地的特色拉麵，廣島有辣蘸麵、宮崎也有辣麵的文化。當然咖哩拉麵中也有激辣的版本。無論哪種拉麵，要享受激辛的快感，需要累積經驗和習慣，如果沒有循序漸進，直接以嘴試辣是相當危險的。而且如果不是定期吃辣，嘴巴對辣的耐受度也會下降，所以希望各位讀者不要因為一時興起而輕易嘗試。

中華蕎麥 多賀野（中華そば 多賀野）
〔東京・荏原中延〕

14

無化調

無化調指的是「不使用化學調味料」的日文造詞。在中華料理中，使用化學調味料①是相當普遍的事，而拉麵業界也常年使用，但如果過度倚賴化學調味料，整碗麵的風味就會被其支配。想要不使用化學調味料，並彰顯食材本身的味道，要不就得使用更大量的素材，要不就得選用旨味更強的優質材料，並多多嘗試各種食材間的鮮味組合。吉祥寺的「一二三」（現已歇業）開創了無化調拉麵的熱潮，但也有許多店家因為重視食材本身的滋味，湯裡的鹽分反而不足。當時不少人是因為覺得化學調味料是壞東西而敬而遠之，不過「麵屋 七彩（麵や七彩）」反而採取了更正向的自然志向，他們貫徹無化學調味料的理由是「希望作出化學調味料問世以前的傳統味道」。無化調拉麵曾經盛行一時，但現在的名店大多不會強調這點。如果不用化學調味料還能作出美味的拉麵，或許可以佐證店家不吝於使用大量的天然素材，但希望讀者至少不要盲信於「無化調就是美味」「使用化學調味料就不對」這類迷思。

①指味精等鮮味劑。

15

手打麵

在拉麵界說到手打麵，白河拉麵和佐野拉麵都相當有名。在日本蕎麥麵界也有這樣的傾向，在擁有名水的區域，就會發展出用在地好水製麵的文化。而且與烏龍麵相同，只要在製麵過程中對小麥粉施加壓力，就能為麵條增添咬勁。東京每年都有手打麵店消失，但近年來手打麵被重新審視，也帶來許多新動向。與其他麵料理相比，拉麵的手打麵比率較低，但隨著職人的養成，手打麵卻是蘊含最多可能性的一種分類。

食堂 七彩
〔東京・都立家政〕

拉麵天神下 大喜（らーめん天神下 大喜）
〔東京・仲御徒町〕

16

冷拉麵

冷拉麵（冷やし）是誕生於山形縣蕎麥麵店「榮屋本店」的冷吃拉麵文化。與中式涼麵不同，冷拉麵的外觀看起來跟熱拉麵沒什麼兩樣，但湯頭卻是冰涼的。拉麵湯底中含有的油脂在冷卻後會凝固，所以必須把油撇乾淨，再添加植物性油脂增添拉麵應有的醇厚。現在提供冷拉麵的店家不斷增加，每家都極具個性和創作性。在食慾不振的夏季，如果能吃上一碗冷拉麵，不管身處哪個地區都很令人感恩。

17

鮮魚

泛指使用魚頭、魚骨等素材熬湯的拉麵，有別於煮干使用經典的乾貨食材，鮮魚系拉麵是用生鮮素材（除了鯛魚、蝦子，還會用海膽、螃蟹、銀鱈、鮭魚、牡蠣等等）熬高湯。鮮魚食材必須講究鮮度與前置處理，才能萃取出鮮冽的大海風味。當然，除了熬魚骨的作法，也有把魚肉搗碎融進湯中的流派。有的店家會強調單一魚種的風味和滋味，也有人會使用多種海鮮。近年的趨勢「貝系」拉麵中，還會加入生的海瓜子、白文蛤等食材。

五之神水產
〔東京・淡路町〕

18

擔擔麵

「擔擔麵」是在中國誕生的無湯拌麵，傳到日本後，之所以會變成有湯的版本，據說是由日本四川料理之父陳健民為了日本人的口味而改良的。隨著拉麵店接連將擔擔麵納入菜單，讓這種無湯拌麵終於有了出頭機會，以日式擔擔麵的姿態鞏固其在拉麵界的地位。但説到頭，正宗四川料理的擔擔麵，其實根本就不會使用芝麻醬。此外，在千葉縣和神奈川縣，原創的在地擔擔麵，也早已生根。

創作麵工房 鳴龍 ~NAKIRYU~
〔東京・大塚〕

19

G系

「G」是日文「ガッツリ」①（見P133）的縮寫，近年相當流行。這類拉麵無論味道、份量、外觀都給人相當大的衝擊感。麵的份量是一般店家的兩倍甚至以上，屬於彈牙感十足的粗麵，醬油湯底以又鹹又濃的豚骨為主體，而叉燒則切得又大又厚，上頭還會推滿豆芽菜或高麗菜絲。最大的特徵是，點餐時還可以免費加蔬菜或是加碼蒜泥、豬背油。相信無需我贅言，G系拉麵就是各家店主受到那家霸氣名店「拉麵二郎」的影響下，追隨產生的派系，這些人因為嘗到了元祖的美味魅力，於是不斷推廣、滲透，最後構築起一大派別。G系拉麵以年輕族群為中心，獲得了莫大的人氣，有人在實物的威容面前啞然失色，也有強者以驚人速度清空麵碗，雖然應該有很多人是一時興起而想要挑戰看看，但我希望讀者還是要評估一下自己吃不吃得完再點餐。很多店家都可以接受「少麵」「半份」的選項，新手請從這裡開始挑戰。雖然G系拉麵的外觀都很像，但麵條、湯頭、配料都因店而異，尋找自己喜歡的店家，也是一大樂趣。

①指份量十足、爆量的意思。

千里眼
〔東京・東北澤〕

Japanese Soba Noodles 蔦
〔東京・代代木上原〕

20

創作

創作系拉麵專指那些利用現有拉麵中少見的高價稀有食材，或是運用嶄新調理技術創造的進化系拉麵。因為是用全新方法，且原創性極高，因此我希望把它們獨立出來成為新的分類。創作系拉麵可以是運用日本人不熟悉的旨味、香氣，提出驚喜組合的個人拉麵之巔，也可以是把高度創作性、料理性帶進拉麵，創造出獨特味覺世界並不斷鑽研的拉麵。其特色是融合、發展義大利料理、日本料理等其他領域的長處，並非只是在麵碗裡堆滿豪華食材，或是作成義式湯麵這麼簡單而已，而是打造出店家專屬的拉麵、麵料理，共通點是味道和素材不斷進化。順帶一提，從菜單名稱也可看出其脫離拉麵既有形象的野心，有許多店家都寫作「蕎麥」或「ＳＯＢＡ」（皆為そば，日本在小麥傳入前，主要以蕎麥為製麵材料，故蕎麥在日文中也可代稱麵條），所以我從２０１０年左右，就私自稱這類店家為「蕎麥系」。另外，明明是拉麵卻故意稱其為「蕎麥」，這種作法的濫觴，就是確立無化調系拉麵的匠Yuji（匠ゆうじ）的拉麵店「一二三」。

拉麵之魂

從派別系譜、年代發展到商業經營，【探索】日本最強國民美食的究極指南

青木健 著
哲彥 譯

日本拉麵進化樹形圖

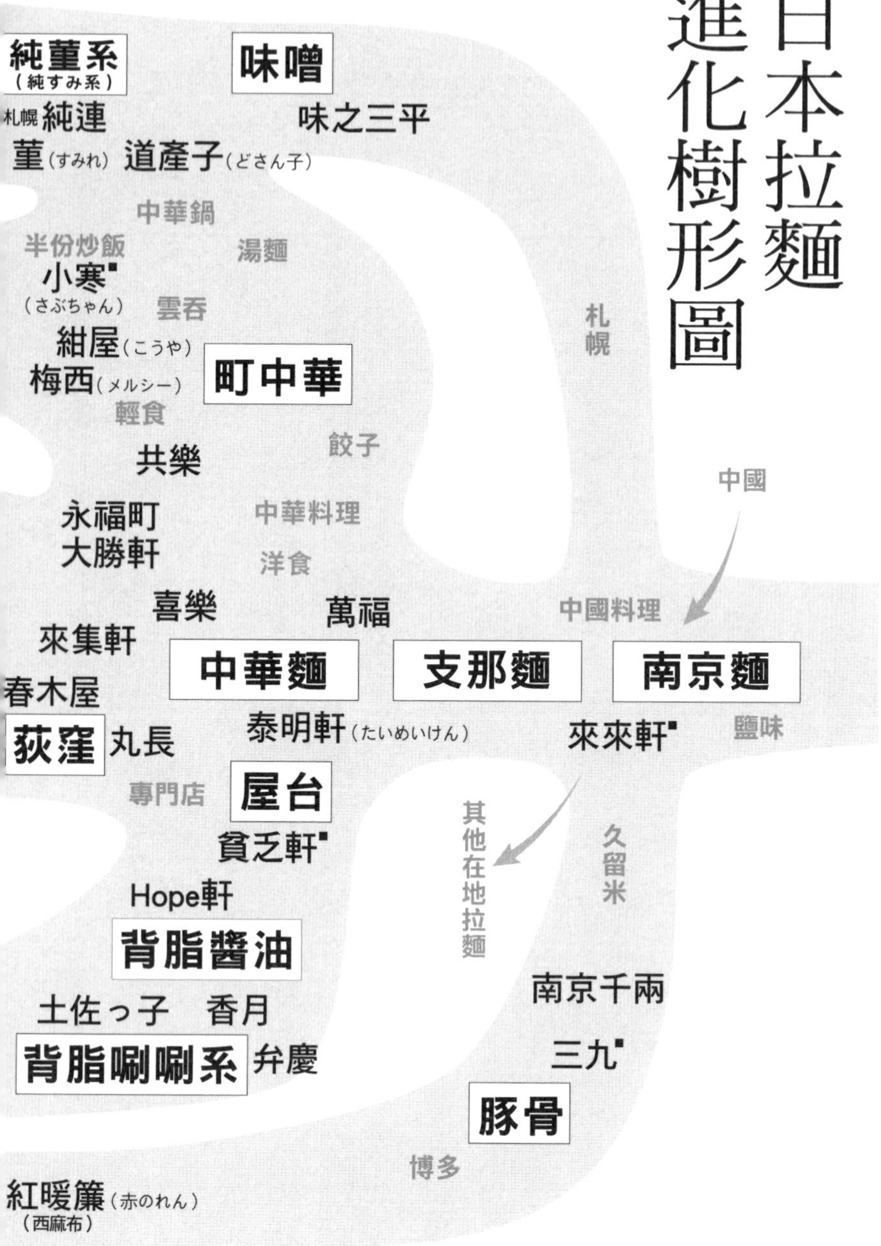

★＝1996年組
■＝2021年11月（日文版截稿日）已結束營業
（註）有的店名有前綴標，有的沒有，本書採取一般的稱呼。

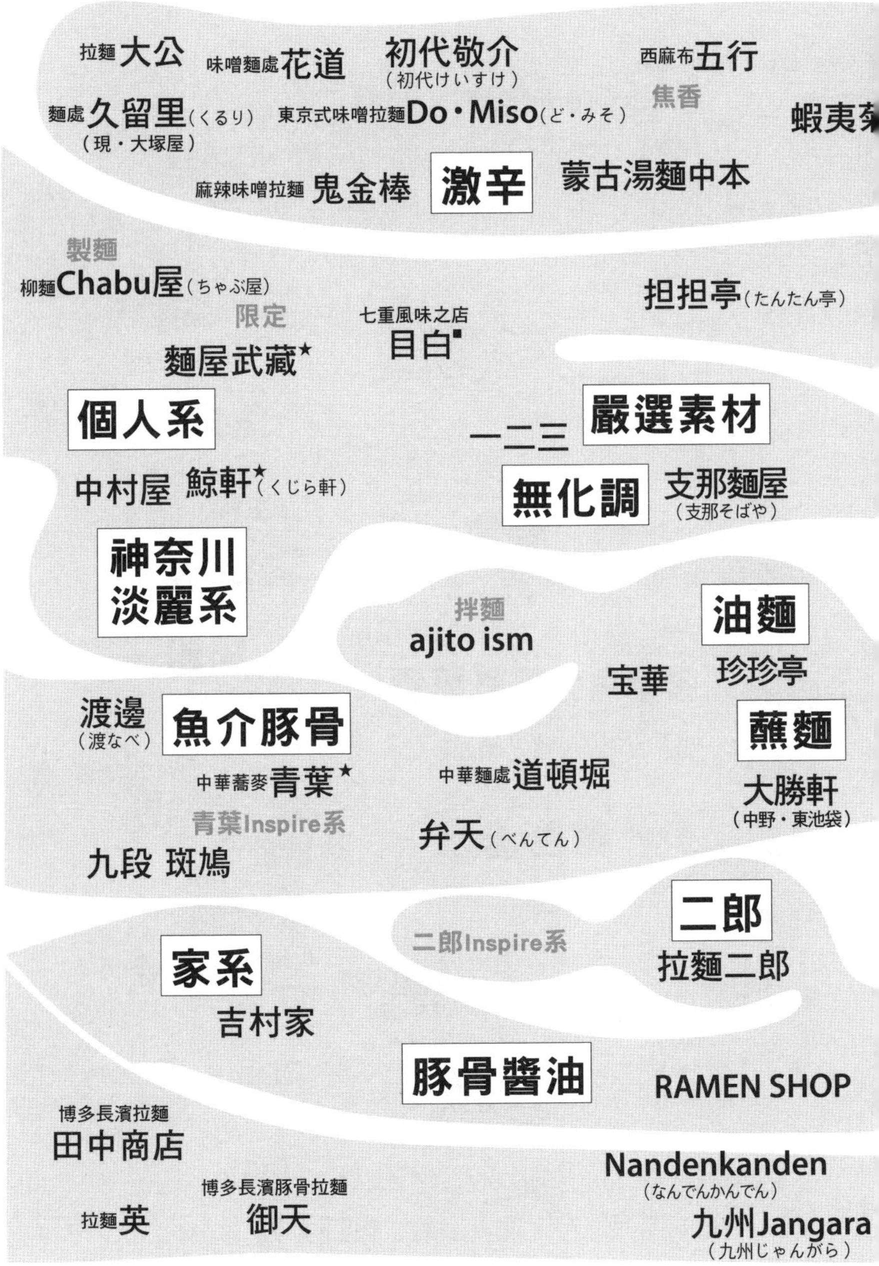

拉麵大公
味噌麵處花道
初代敬介（初代けいすけ）
西麻布五行
焦香
麵處久留里（くるり）（現・大塚屋）
東京式味噌拉麵Do・Miso（ど・みそ）
蝦夷
麻辣味噌拉麵 鬼金棒
激辛
蒙古湯麵中本
製麵
柳麵Chabu屋（ちゃぶ屋）
限定
七重風味之店 目白
麵屋武藏
担担亭（たんたん亭）
個人系
一二三
嚴選素材
中村屋
鯨軒（くじら軒）
無化調
支那麵屋（支那そばや）
神奈川淡麗系
拌麵
ajito ism
油麵
宝華
珍珍亭
渡邊（渡なべ）
魚介豚骨
蘸麵
中華蕎麥青葉
中華麵處道頓堀
大勝軒（中野・東池袋）
青葉Inspire系
弁天（べんてん）
九段 斑鳩
二郎
二郎Inspire系
拉麵二郎
家系
吉村家
豚骨醬油
RAMEN SHOP
博多長濱拉麵 田中商店
Nandenkanden（なんでんかんでん）
博多長濱豚骨拉麵 御天
拉麵英
九州Jangara（九州じゃんがら）

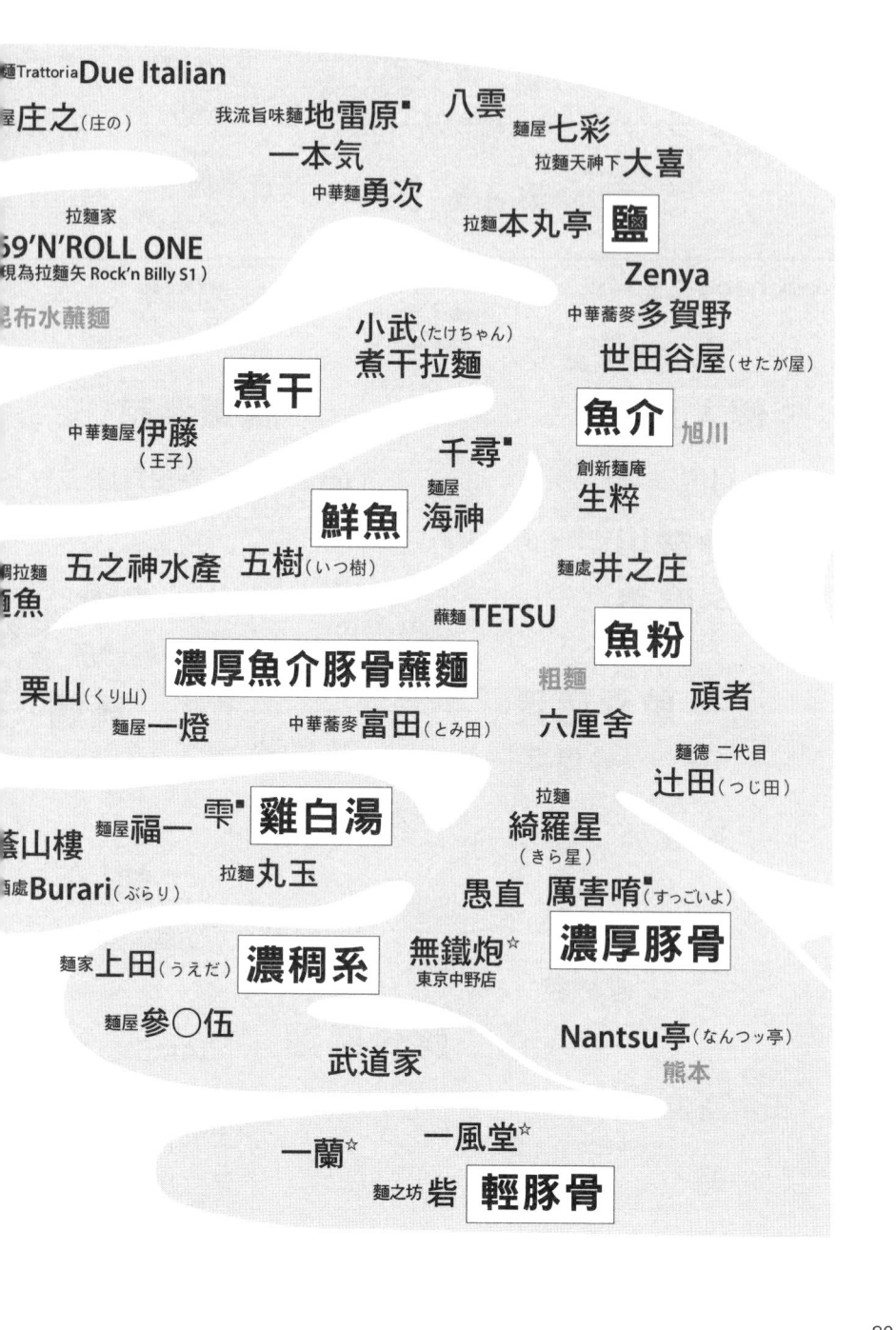

麵Trattoria Due Italian

屋庄之(庄の)　我流旨味麵地雷原■　八雲　麵屋七彩

一本気　拉麵天神下大喜

中華麵勇次

拉麵家

59'N'ROLL ONE

現為拉麵矢 Rock'n Billy S1)

拉麵本丸亭　**鹽**

Zenya

布水蘸麵

小武(たけちゃん)　中華蕎麥多賀野

煮干拉麵　世田谷屋(せたが屋)

煮干

魚介　旭川

中華麵屋伊藤(王子)

千尋■

創新麵庵生粋

麵屋海神

鮮魚

拉麵　五之神水產　五樹(いつ樹)　麵處井之庄

魚

蘸麵TETSU

魚粉

濃厚魚介豚骨蘸麵

粗麵

栗山(くり山)　頑者

麵屋一燈　中華蕎麥富田(とみ田)　六厘舍

麵德 二代目

辻田(つじ田)

雫■　**雞白湯**

拉麵綺羅星(きら星)

山樓　麵屋福一

拉麵丸玉

處Burari(ぶらり)

愚直　厲害唷■(すっごいよ)

濃厚豚骨

麵家上田(うえだ)　**濃稠系**　無鐵炮☆ 東京中野店

麵屋參〇伍

Nantsu亭(なんつッ亭)

武道家　熊本

一風堂☆

一蘭☆

麵之坊 砦　**輕豚骨**

本圖基於筆者視角觀察到的首都區拉麵變遷史而繪製，並不表示各家店的師徒傳承脈絡，也未必按照時間序排列。各家店的開店、爆紅年份請參考年表（參見P182）。
實際上這張表格也納進了很多地方縣市的特色拉麵，如果把焦點從味型移轉到麵條種類，排列方式也會大大改變。請大家只要粗略留下印象就好。

☆本店位於地方縣市的東京分店

與其找出究極的那一碗，不如把自己調整到「能享受所有店家」的境界，那就無敵了

拉麵通、拉麵粉、拉麵Mania、拉麵宅、拉麵狂、拉麵集團……拉麵愛好家的稱號，隨著時代而改變。本書對這些人而言，是一本沒用的書，因為想必這本書中，也不會有超越你知識的內容。

「我只是喜歡拉麵，想要再深入了解一點，但看到那些評論家寫的專書，就有點倒彈……想要更輕鬆的入門書。」本書正是寫給這類讀者的。

至於想要知道更多美味拉麵店資訊的人，本書也幫不上你的忙。因為這本書裡沒有介紹店家的頁面。

不管羅列多少「好吃的店」，我的審美眼光也沒有多麼優秀，不過是作者個人的喜好罷了。而且按照現在資訊變化的速度，新書裡的資料，沒幾年就會積滿灰塵了。跟拉麵相關書籍很珍貴的以往不同，現在每年都會出版大量更新、網羅新店家資訊的ＭＯＯＫ，任何人都能輕鬆獲取最新資訊，這樣就很足夠了。

在許多拉麵狂人的心中，都有一碗「因為遇到這家店而大受衝擊」的契

機拉麵。但我的情況卻是，比起受到味道的衝擊，更是因為「喜愛拉麵的方式」改變了，而在拉麵界覺醒。小時候只是很普通地喜歡，會去吃前輩或朋友推薦的好吃拉麵店，有的時候去排排看人氣店家……但即便這樣，當時我也不覺得自己是「愛拉麵的人」。開始一個人生活後，我也讀過許多拉麵書，開始記錄吃過的店，認真地開始走訪拉麵店……。但這樣經過1年後的某一天，我覺得對我而言，這就像是一種「社團活動」。我把這種活動稱為「拉部」，終於醒悟自己原來是個喜歡拉麵的人。不過身邊也沒有可以專業性討論拉麵的對象，所以將近10年，我都是一個人到處吃拉麵，直到遇見店主和拉麵夥伴為止。

「拉部」是拉麵部的縮寫，也諧音「LOVE」。我經常自問，我的吃法、對待拉麵的方法，究竟有沒有愛。

現在才自我介紹似乎有點晚，我是個專為拉麵店提供設計服務、畫插畫、漫畫的人。設計範圍包括商標、制服、菜單、店內POP、似顏繪吉祥物、暖簾、麵碗等等。偶爾也會受託給予口味調整、店面營造的建議。一直以來都是如此站在店家這一邊提供協助的我，這次因為想為跟自己同樣是「吃拉麵的這一邊」的讀者們略盡綿薄之力，而開始執筆本書。

這是一本不會受時代和流行影響，講述品嘗拉麵的基礎和提示、線索的書。因為我認為，無論去到哪家店、哪個地方，如果能擁有這些不會改變的智慧，才是享受拉麵的最快捷徑。

我很能理解就像「荷包蛋是淋醬油派還是淋醬汁派」這樣，想要定出「○○主義」的心情，但在拉麵界的這類成見，卻也需要格外小心。因為拉麵的變化太多姿多彩，而且每天都在進化。味道的構成、素材、調理方法、上菜方法、飲食空間……一碗拉麵的這些變項全部都不一樣，是一種所有細節都會不斷演進的食物。順帶一提，對我而言，荷包蛋上要淋什麼，不只會因旁邊配的是飯、是麵包還是啤酒而變，也會受吃它的時段和當天的心情影響。所以我決定「不一定要淋什麼」。拉麵也一樣。

「拉麵」一詞總是被概括討論，但當中可以有高價的拉麵，也可以有便宜的拉麵；可以有非常講究的拉麵，也可以有很平凡的拉麵。光譜的兩端共存不是一件好事嗎？因為拉麵這種料理，就是會隨著店家、菜單不同，而讓人有「別種料理」般的驚喜，總是滿溢著嶄新的美味。

不過如果只是抱持這種態度去了解拉麵，很容易馬上就落入只是炫耀「我吃過哪家店喔」的窠臼。「宅」這個詞，最早並沒有「對某事很了解的人」的意思，而是指那些心門狹窄、並沈浸在優越感裡的人。這樣只會讓好不容易建立起來的拉麵世界，變得格局更小。

真的感性豐沛的人，就算不精通拉麵，也能很鮮明地掌握到其魅力和本質，並用自己的話表達出來。我把成為這種人當成目標，因為我認為，這不是知識，而是一種教養。

比起知道很多好吃的店，更重要的是了解自己。與其找到究極的那一碗，不如讓自己達到每家店都能好好享受的境界，如果能這樣，你就無敵了。

那麼，我們就出發前往「還沒吃就先品嘗」的拉麵世界吧。

目錄　拉麵之魂

從多角度品嘗
作為一種教養的拉麵

[切點一覽]

作法
吃法
菜單
店家
商業模式
考察
知識
客人

雷紋

囍

雙喜

龍

鳳凰

麵碗蘊含的意義(參見P102)

拉麵是體育系社團、咖哩是文藝系社團。野心家店主和我行我素的店主，排行榜和知名的客人

拉麵，再來就是咖哩。這兩樣在日本都是被稱為國民美食，在全國擁有高人氣的菜色。不過「東京咖哩～番長」的水野仁輔卻認為，它們的性格南轅北轍，而我也不斷觀察到這兩種美食之間的差異，於是作出了「拉麵是體育系社團、咖哩是文藝系社團」的結論。這是怎麼一回事呢？請讓我接著說明。

首先是店家。拉麵店老闆通常會把目標設定成「日本第一」「登上《米其林指南》」「在TRY（參見P143）拿第一」等，企圖靠味道的評價爬上業界頂點；也會有許多店主充滿經營野心，想要「開很多分店」「進軍東京或海外」。但大部分開咖哩店的人，立場卻站在「只要養得活家人就好了」的正反面。所以很多名店都只作一代就會消失，反過來說，只要出現有商業野心的咖哩店老闆，品牌就很容易擴張開來。再來是客人。喜歡拉麵的人，九成以上都喜歡「到處吃」，但喜歡咖哩的人，絕大部分都是「自家製作」的支持者。

仔細回想就會發現，拉麵愛好者中，喜歡炫耀「吃得多、吃得快、每年吃的碗數、去了某家店多少年、跑了多遠、排了幾個小時」的人出奇地多，但在咖哩

界，這樣的人卻很少。如果看媒體上的介紹，拉麵幾乎都是排行榜，競爭非常激烈。不過如果換成咖哩，我的印象卻主要都是主打有名人士「某某人常去的店」的報導。在我這個世代，如果要在拉麵、咖哩兩者中，選出哪一邊是作家或非主流文化人會喜歡的，壓倒性的會是咖哩。

有個跟我私交不錯的拉麵店主是咖哩愛好者，他曾問我「為什麼現在的咖哩店裝潢都那麼時髦？」這些咖哩店從椅子到窗簾，都洋溢著店主個人的興趣和品味，同為飲食店經營者，讓他非常羨慕。這時我想到的就是前述的「體育系社團、文藝系社團」的理論。拉麵是競爭排名和紀錄，把優勝當目標的體育系社團，咖哩則是重視專屬個人的時間和個性的文藝系社團。運動社團會為了正式比賽而傾盡全力，但美術社在發表作品時，早就已經作完了所有該作的事。

拉麵店會與對手切磋琢磨而從中求進步，咖哩店無論是裝潢、待客之道、制服都選擇走個人原創路線。這跟心理層面也有很大的關係。我也是個喜歡拉麵的程度比常人多出一倍的愛好者，跟業界也常年來往，常有人問我「為什麼不自己開家店？」但我只不過是知識和經驗比常人多出一點而已。內向的我，如果要開店，精神上比較適合我的確實會是咖哩店。在這樣的我眼中，拉麵店主的同儕意識很強，而且不服輸，簡直就像是班上那些受歡迎的風雲人物呢。

中野「青葉」的「特製」裡明明有加半熟濃滑的溏心蛋，但卻沒有單點溏心蛋配料的商業模式盲點

位在中野的「中華蕎麥 青葉」，在拉麵業界是一家帶來眾多影響的店，無論是魚介豚骨湯頭，以及在碗中調和魚介系與動物系湯底的W湯頭手法（現在會在裝進麵碗前就調好），還有拉麵與蘸麵兩大台柱並立的常設菜單。絕大部分的評論都是針對他們家的味道，不過我接下來想要特別提到的，是他們的「特製」。

「特製」專指菜單中有點奢侈的品項，例如加「味玉（調味溏心蛋）」，叉燒和筍乾等配料增量，雖然現在已經成為業界常識，但首創並定義「特製」一詞的，卻是青葉。現在許多店家都採用特製，已經相當普及，但與特製的元祖青葉相比，卻有著決定性的差異。其他店的「特製」，是把所有配料都放進碗中，換句話說就是接近「全加」的形式。但驚人的是，在青葉沒有單點特定配料的選項！菜單上就只有中華麵、蘸麵，以及這兩者的特製而已（再來就是大碗）。青葉在被媒體報導時，登上版面的絕對都是有加溏心蛋的「特製中華麵」。這顆溏心蛋的外觀極具衝擊性，因為非常柔軟，所以不是用菜刀切，而是用棉線割出鋸齒狀的切面，以及汩汩流淌而出的蛋黃……任何人都會因為這濃厚感而食指大動。然而菜單上卻沒有單點味玉的

選項，想吃這顆蛋就必然得點特製。

即便只有數百日圓的差距，但如果每個營業日，所有客人都不是單點味玉，而是都點特製的話，營業額就會有驚人的差異。店員的點餐工作也會輕鬆許多。雖然像在惠比壽的「香月」，有可以完美默背客人瑣碎點餐要求的店員，但實在沒有必要培養這種達人，而且這樣作還可減少食材耗損，簡直就是有利無害。這跟過往的「全加」概念完全不同，可以說是因為有了過去未曾出現的半熟味玉這種秘密武器，才得以成立的策略。

不過與此相似的商業手法，從古早時代就存在了，就是在基本菜單外，準備其他店吃不到的迷人單點配菜。即便拉麵本身的價格平於市價，但每個客人都會加點到1000日圓以上……有很多人氣店家都是這樣的。因為實際的客單價是拉麵和單點配菜的合計金額，即便是被「拉麵就該便宜！」這種古老價值觀束縛的客人，想著「反正是為了點配菜……」，錢包就會乖乖打開，而這正是價格設定的魔法。把這種魔法簡約成「特製」形式的青葉，果然很值得敬畏。而能理解其背後真正的意義而模仿特製的店家，目前市面上還沒有。

了解拉麵的人在第一次去的店家不會點「硬麵」。嚼勁和硬度不一樣，每家店的特徵也千差萬別。水煮後麵粉就會變質成麵

我還年輕的時候，只要跟前輩或上司去吃拉麵，總會聽到他們一臉得意地告訴我「這家店麵要硬一點才好吃啦」。這完全是喜好的問題，所以我以下要說的，都是站在個人自由的大前提下。

煮得硬一點的麵，就跟味道濃一點、油多一點一樣，都是「刺激的強度」。所以，這些刺激對年輕人而言特別有魅力，就人的肉體構造來說，也是相當自然的事。不過，拉麵的麵條，本來就會因為麵粉的品種、調和方式、含水量、粗度、長短、形狀等變因而異，不同的店家，麵條可能完全不一樣，所以最適合每款麵條的烹煮時間也必然不同。麵條經過水煮（加熱），麵粉中的澱粉會吸水而糊化，產生獨特的質感與咬勁，簡單來說就像煮米飯一樣。講得極端一點，吃沒煮透的麵，就像在吃還沒炊熟的白米一樣。

不知道是不是因為現在實在有太多人不分青紅皂白只要硬麵，近年「拒絕煮硬麵」的店家也越來越多。這並不是店家頑固，而是因為店主希望能把精心調整含水量、不斷確認狀態而煮好的一碗麵端上桌，讓客人享用到更好的品質罷了。第一

次去的店家就吃店家建議的熟度，如果覺得不對勁，那下次去的時候再點自己喜歡的硬度。像我自己，如果覺得麵裡還有點硬芯，再訪的時候就會問店家「請問能不能幫我煮久一點呢？」，無論哪家店，應該都會心情很好地接受。

每種湯頭為了風味平衡，可能會比較適合硬麵或軟麵。像在九州豚骨拉麵中，麵條就可以選擇「超硬（バリカタ）」「極硬（ハリガネ）」「過水硬麵（粉落とし①）」等硬度，我也去過當地巡禮好幾次，但從來沒聽過有人在點餐時說要「超硬」的。大部分人都是什麼都不說，要說頂多也只會說「硬」。

我家附近有家我吃了20年以上的店，我剛開始習慣麵條硬度的時候，常常會點過水硬麵。後來去了一家認識的老闆開的拉麵店，他知道這件事，所以明明我點的是普通的硬度，端上來的卻是過水硬麵，結果我一吃，卻覺得麵條吃起來好黏牙，一點都不好吃。這件事讓我深深理解，如果在每家店都點硬麵真是大錯特錯。

順帶一提，加麵的時候，即使點相同的硬度，麵吃起來會感覺更硬一點。有些店家會為了好此道的人，特別準備「後加麵」選項，麵碗上桌時，裡頭只有加了配料的湯，麵條則是像加麵一樣，之後再倒入碗裡。

① 指麵條只過熱水，洗去表面麵粉的熟度，麵條會非常生。

被稱為96年組的「青葉」「麵屋武藏」「鯨軒」撼動了拉麵的歷史，並加速其進化

時間是1996年，有3家顛覆過往拉麵店常識的店家誕生了。那就是中野的「中華蕎麥 青葉」、青山的「麵屋武藏」（青山店已歇業）、橫濱市中心北的「拉麵鯨軒」。這3家店合稱「96年組」（參見P133），共同構築了現代拉麵的基礎。

這三家店的共通之處，首先是魚介湯底。青葉是魚介豚骨湯、麵屋武藏是秋刀魚煮干，鯨軒則是利用香味油強調香氣的淡麗魚介湯底配直麵。無論哪碗，強調魚介風味的湯頭在當時都非常嶄新，這種空前的味覺，也震撼了所有人。其次是全新的供餐方式。青葉有「特製」的超值菜單，還有拉麵、蘸麵雙台柱；而麵屋武藏則讓客人選擇湯頭清爽或濃厚，並確立了限定菜單的形式；鯨軒則在同是醬油味的菜單中，提供拉麵和中華麵的選項。除了拉麵本身以外，店面所在位置和店舖也都很有特色。青葉開在中野的商店街，話少的店主默默煮麵，濃縮了那種「光看就一定好吃」的商圈拉麵店形象，而且店面的主色調不是一般的紅色，而是白色與深茶色。麵屋武藏繼青山店之後，在新宿繁華地段開店，這家新宿店也在各方面上祭出了劃時代的作法。簡練的制服、爵士背景音樂、導入餐券販賣機、甩麵水時的吆喝聲、提供給女性顧客的有

色水杯等，真是說也說不完。鯨軒則是開在中心北這座住宅區，由飲食企劃公司「PASIO」操刀，從牆上掛的時鐘到茶壺，所有細節都充滿懷舊復古感，從當時出現「PASIO系」一詞，就可得知其特色多麼鮮明。

貫穿這三家店的，是內容概念的明確度。這是「只要端出好吃拉麵就好了」的時代所無法企及的，藉由味道、店舖、客層、待客方式、個性等層面上秉持一貫的概念，誘發顧客的食慾和好奇心，並抓住人心。這些味道和思維，大幅改變後來的拉麵界風貌，帶來了巨大的影響，企業的形象戰略跟品牌設定，也普及到個人經營的店家。

現在已經成為經典的濃厚魚介豚骨蘸麵、限定菜單、神奈川淡麗系等分類，也都進化自96組的創舉。雖然很容易被這三家店的光環遮蓋，但「中華蕎麥 多賀野」「柳麵 Chabu屋」（現已歇業）也都在這年創業，兩家店都是名留青史的名店，可以得知96年為拉麵業界帶來了多麼爆炸性的變化。雖然這一篇像是在講古，但這就是日本拉麵界的最大革命，記住這件事不會吃虧的。

蛋的硬度和湯底有關，過往是煮得很硬的滷蛋，但隨著湯頭濃度變得濃稠，就開始變成適度半熟的蛋了

在拉麵裡加蛋，據說首創於荻窪的「漢珍亭（創業時名為「丸仁」）」。當時加的是與叉燒滷汁一起滷煮，來自台灣的「滷蛋」。雞蛋經過水煮和滷製，吃起來口感當然會較硬，屬於相當入味的類型。

就算不是滷蛋，許多老店的拉麵，像是「東池袋大勝軒」，從以前就會加上半顆水煮蛋，這也是煮得較硬的蛋。而油脂濃厚的背脂拉麵或是背脂唰唰系拉麵，當然也是比較適合這種蛋黃鬆軟的全熟蛋。從以上的例子都可看出，在漫長的歲月中，拉麵裡的蛋就是硬的。（我個人把在調羹裡弄散蛋黃，跟麵湯混在一起喝的方法稱為「朧月」）。

後來半熟蛋出現了。半熟蛋的元祖，是葛西的「Chibaki屋（ちばき屋）」，本來半熟蛋理想的熟度，是蛋黃硬度要如羊羹一般，畢竟店主曾在一流料亭當到總料理長，對這方面非常講究。另一方面，隨著豚骨拉麵開始普及，加上豚骨醬油、魚介豚骨等變化版本，拉麵湯頭的濃度不斷提升，半熟味玉也開始一般化。其實這種蛋，滑嫩到甚至不該被稱為半熟（我為了區別稱之為「半生」），只要把半熟（半生）蛋的殼剝掉，泡進調味滷汁裡，就能在半熟狀態下做出味

作法

玉。比起丟進鍋裡滷，這種做法省時許多，於是馬上流行開來。其後「味玉液狀化現象」不斷發展，最後還出現用針筒把高湯打進蛋裡的店家，甚至有如小籠湯包般，標註「如果咬斷會整個破掉，請一口吃掉」的但書。不過後來這股執著於沒熟的風潮也漸漸消停，在2010年左右，終於變成最適當的熟度。這與雞清湯這種澄清湯底的復興有關，特別是使用嚴選食材的無化調湯頭，如果蛋黃流出來，就會毀了店主精心調配的纖細風味。蛋黃還是要有適度的硬度，才不會干擾湯底。

簡單整理一下，這段演變史就是：「中華麵＝煮得較硬的滷蛋→魚介豚骨＝半生味玉→雞清湯＝半熟味玉」。光是蛋的狀態，就與湯頭的味道、濃度有著密切關聯，而且雞蛋是長久以來，價格幾乎不太會波動的成本模範生。就視覺來說，在色澤濃郁的拉麵上頭「白色」則會變成吸睛的魅力點。過往由螺旋魚板擔任的任務，現在改由味玉負責。

吸麵的功效。享受麵條滑過嘴唇的觸感，並納入空氣，讓麵趁熱進入口中，同時吸進味道和香氣

吸麵條的這個行為，蘊含著很多意義。首先是麵條滑過嘴唇的觸感，例如爽滑感，以及感受麵體表面的凹凸起伏，是理解麵條最重要的第一類接觸。如果把麵條放在調羹裡再送進嘴中，等於是自己放棄了一大樂趣，實在有點浪費。

吸麵時也會同時吸入空氣，可緩和麵條和湯頭的熱度，能一邊感受拉麵的「燙口」魅力一邊吃。順帶一提，有一種說法認為，所謂的「貓舌頭」不是因為對熱敏感，而是表示吃法不對。先不管其真偽，但就像有些人用寶特瓶喝熱飲時會整個含住瓶口，完全不留縫隙一樣，這樣任何人都一定會燙傷。所以吸麵的時候，也要引入適當的空氣。

再者，吸麵時也會把香味一起吸入口腔，所以就能同時用舌頭的味覺，以及口腔內的嗅覺去感受風味……這就與後味有關了。用一定節奏來吸麵在品嘗拉麵時非常重要，但發出激烈響聲（雖然聽起來很熱鬧）就沒有什麼意義了。如果已經習慣，就用適度的音量吸麵吧。

很多外國人，特別是西方人，會因為覺得這種吸麵聲違反餐桌禮儀，「聽

了就毛骨悚然」於是敬而遠之。有些人會責怪這些外國人，認為他們「什麼都不懂」，但我們日本人又怎麼樣呢？在外面吃飯有時會遇到那種咀嚼時張著嘴，發出「咕呷咕呷」聲音的人，那對日本人而言也是非常討厭的。坐在他旁邊，吃東西簡直味同嚼蠟，甚至想要咒罵起自己坐在那裡的命運。對西方人而言，從出生開始，大聲吸東西的聲音就是禁忌，所以他們的不快也跟我們聽到張口咀嚼聲一樣吧。不過，我在日本看到的外國人們，或許是因為早已臣服於拉麵的魅力，吸拉麵的樣子都相當內行。

吃蕎麥麵時也一樣，老江戶人可以接受小聲的「嘶嘶」，但吸麵時發出「嚇嚇」的大聲，就會被認為是沒有品味的人。但戰後的落語家們在廣播節目中表演落語時，因為聽眾看不到動作和手勢，所以會故意誇張表現吸蕎麥麵的聲音，發出聲音吸麵的吃法就此傳開……這種像玩笑話的說法也相當有名。

其實根本不必糾結怎樣吃麵才對，我認為只要有為他人和自己設想就好。我個人在背景音樂優美寧靜的店裡，會盡可能控制吸麵的音量，但如果是待客熱鬧有活力的店家，就會放心大口吸麵。

雲吞「麵」與五目「蕎麥麵」同在一張菜單的菜名之謎

《孤獨的美食家》作者久住昌之曾說過：「菜單就是店家的歷史圖卷」。我也很喜歡研究菜單，對這句話深有同感。

如果有機會去那些親民的中華料理店，也就是町中華，請一定要稍微留意菜單。明明是同一家店的菜單，卻有著中華蕎麥、雲吞麵、叉燒麵、五目蕎麥、豆芽菜蕎麥……等，麵的部分被分成「蕎麥」和「麵」，標記不統一。我總是想為什麼會有這種現象，確實日文裡「廣東蕎麥」和「天津蕎麥」給人的印象明顯不同，但也有廣東麵、天津麵、擔擔麵等使用「麵」字的標示。比起統一感，店家在乎的說不定是字面和音律感，或是尊重那些經典的叫法（也有可能就只是很隨便而已……我也不知道）。

與此相反的，是那些徹底統一名稱的店家，更能看出店主的個性。基本的拉麵如果叫「中華蕎麥」，那就會寫成雲吞蕎麥、叉燒蕎麥；如果是「拉麵」，那就會用五目麵、麻婆麵等名稱統一標記。可以藉此看出店主的一絲不苟和固執。歷史悠久的町中華，有時會用片假名或平假名寫「チャシウメン」「ちゃしゅうめん」（皆為叉燒麵）、「ツケメン（蘸麵）」，這些獨特的手寫字，讓人有種放鬆的沈穩感。

有些店家桌上的菜單寫法和牆上的版本也會不同，讓我不禁想像，是不是因為老闆和老闆娘的寫法不同呢？

意外地有很多人不知道的是，袋裝泡麵經典品牌「札幌一番（サッポロ一番）」，會因口味不同而採用不同的標記方式，像是「しょうゆ味（醬油味）」「塩らーめん（鹽味拉麵）」「みそラーメン（味噌拉麵）」，鹽味和味噌分別使用平假名與片假名，醬油口味甚至連拉麵二字都沒出現。不知道廠商這麼做是為了什麼，但的確非常有趣。

在澀谷的名店「喜樂」，中華麵、豆芽麵、五目麵、炒麵都統一寫作「麵」，卻只有「タンメン（湯麵）」是片假名。雖然也可以用漢字寫作「湯麵」，但湯麵在中國是指「加了湯的麵料理」，意義略有不同。順帶一提，如果在這家店點餐時說「請給我中華麵」，店員會回答「好的拉麵一碗～」。這種叫法的不同常常發生，有時說「拉麵一碗」還會聽到「中華蕎麥喔～」。

但如果是採用自動賣券機的店家，既沒有東觀察西觀察的閒情雅致，也沒辦法用講的點餐，就會少了這份趣味。觀察菜單的寫法，現在已經變成去町中華、食堂、蕎麥麵這類傳統店家吃拉麵時，專屬的樂趣時光了。

蘸麵元祖的東池袋、激燙煮干的永福町、中華料理歷史深厚的人形町……認識東京三大「大勝軒」

很多事情只要被記住就會成為常識，但有個意外地常被誤解的常識，就是東京的「大勝軒」這個店名。大勝軒可以粗分為「東池袋系」「永福町系」「人形町系」，雖然在此之外還有其他的大勝軒，但我想要聚焦在發展最為興盛的「東池袋系」「永福町系」這兩個系統上（參見P85）。因為這兩者都具有「份量幾乎是其他店的兩倍」的特色，也頗容易混淆。

以蘸麵元祖聞名的「東池袋大勝軒」，是荻窪「丸長」創立的「丸長系列」拉麵店。丸長的初代老闆青木勝治（已故）曾在荻窪的蕎麥麵店待過，因為戰爭疏散回到老家，戰後重新來到東京，在荻窪開了丸長，把他在蕎麥麵店學到的製麵技術活用在製作中華麵上。這家店由兄弟親戚共5人一起經營，後來各自分家，獨立開設「丸信」、中野的「大勝軒」等品牌。而曾在中野店工作的山岸一雄（已故）後來在東池袋獨立創業的店，就是「東池袋大勝軒」。這裡的湯頭是在豬大骨、豬腳、雞湯等動物性基底中，加上絞肉與魚介類素材，麵條則是當日現打，且含水量較高的加蛋中粗麵，麵量十足。山岸在中野時代開發的「特製盛麵」被視為現代蘸麵的元祖，也讓他一戰成名（參

店家

見P61），舊店歇業時，還成了大新聞。山岸收徒弟時不挑身份，所以全國都有他的關係店，也有熱情的粉絲靠著自學創業，誕生了不少名店。

「永福町大勝軒」則是永福町站前的排隊名店，是由已故的草村賢治，從父親那繼承了製麵批發廠後，於昭和30年（1955年）創業。在巨大麵碗裡裝得滿滿的湯頭，素材混合了來自多個產地的煮干、柴魚乾類、豬大骨和蔬菜。大份量的自家製麵浸在湯中，而湯面也覆上一層具有保溫效果的高級豬油「Camelia Lard」。店家會藉由「變味」形式，不斷追求口味的提升，也為了貫徹店內清潔和服務而堅持不開分店。為了彌補這點，他們推出手工製作的「伴手禮拉麵包」，銷售額甚至與店裡的內用不相上下，相當驚人。這一派的大勝軒，也因為學徒獨立出去開店，而開枝散葉。

最後我想要特別提一下「人形町大勝軒」，它隸屬於明治38年（1905年）創立，以廣東料理為基礎的中華料理店系譜，是不應該被遺忘的正統派日式中華料理。人形町大勝軒於明治45年（1912年）創業，全盛期曾分出十多家店，其後歷經多次改名、復活，現在已經幾乎絕跡，傳承其精神的大概只剩下淺草橋的「大勝軒」與「新川大勝軒飯店」，死忠的粉絲們無不期盼它的復興。

初次造訪的店家，理論上是點「賣券機的左上、菜單的右端」，但現在已經未必如此

初次造訪某家拉麵店，或是要去附近的店踩點時，應該都會建議先點單純的品項，藉以好好了解「那家店的味道」（也可能只限於一部分拉麵狂會這麼做）。這時，一般會認為要點賣券機最左上的按鈕，或是直書菜單最右邊的品項，因為這些都是第一眼就會看到的地方，通常那裡寫著的都會是「拉麵」「中華蕎麥」等，沒有加上追加配菜的菜單，也就等於這家店的原廠預設值（參見P135）。

不過，這也是有點過時的觀念，現在的情況已經不同了。現在的主流是「特製拉麵」「某某屋拉麵」等配料眾多的高單價拉麵。這當然也跟店家追求利潤的層面有關，但實際上有不少店家都是以划算的折扣價提供這些菜單，或者有些店的招牌反而是叉燒麵，所以也不見得是壞事，如果選擇困難發作就選那些拉麵也無妨。只是這樣一來，就很難在菜單裡找到預設值的拉麵了，這也很令人苦惱。

有一次我在某家店排隊，聽到想要買餐券的老婦人問店員「加味玉的是哪個呢？」結果味玉拉麵的按鈕就在從左上數來第三個的位置；這就是因為整體的菜單

數太多，讓人喪失閱讀意願的例子。或是有的店家太講究菜單的名稱，會寫出「使用某某產的某某的某某醬油拉麵」這種名字，讀起來很花時間，反而讓人更難理解。以前的時代，客人可以坐在位子上慢慢閱讀菜單並選擇，但在賣券機已成主流的現在，這樣是行不通的。有一招是在出發前快速搜尋一下圖片，確認賣券機的按鈕配置。

某家位於大激戰區的名店，賣券機左上的按鈕會隨著日夜更換。午餐時段會有大批客人來店，所以是最基本的「拉麵」；晚上的營業步調可以稍緩，就會換成單價較高的「蘸麵」。雖然這是新客不斷的排隊名店才適用的作法，但卻也是同時兼顧創造利潤與不讓客人多等的巧思。

無論去怎樣的店家，其實只要自由點自己想吃的東西就好，但如果知道這些事，買券、點餐都會更順暢。但說不定這也只適用於像我這種一站在賣券機前，就會開始焦慮要點快一點才行的人吧。

調羹容易把湯送到舌根處，直接就碗喝更能品嘗到味道，但也有讓舌頭直接接觸油脂的缺點

因為外型看起來像是一片蓮花的花瓣，所以日文的調羹稱為蓮華，正式名稱是「散蓮華」。喝拉麵湯時，用調羹喝和直接就麵碗喝，會大大改變味覺的感受。據說舌頭的尖端、兩側、根部這些地方能感知到的味覺不同，用調羹喝湯時，比較容易把湯送到舌根處，所以一般認為這樣做會影響味覺。不過近年來，舌頭感知味覺分區的假說，也出現了反論。

但也不能因此就說吃拉麵時一定要就碗喝湯。有些種類的拉麵，表面浮滿了油脂，如果在拉麵剛上桌的狀態直接以口就碗喝湯，嘴裡喝到的只會是背脂和香味油等油脂。

不過，用調羹喝湯跟就碗喝，嘴裡嘗到的感覺還是會不一樣。湯底的溫度、份量、接觸嘴唇的觸覺都會不同，而且調羹的材質還可分為陶器、木頭、塑膠等等。怎麼喝沒有正確答案，而是應該依照要吃的拉麵種類臨機應變。女性如果要直接就碗喝湯，也可以等到先吃掉一些，麵碗變輕以後再拿起來喝。

理論上來說，吃拉麵時要先喝一口湯，理由是如果先吸麵，麵條上殘留的煮麵水可能會跟湯底混在一起，這是為了能盡量品嘗湯頭最純粹味道的小巧思。此

外，喝第一口湯時，為了不讓煮麵水混進湯頭中，建議從麵碗的一端開始喝。不過這並非絕對，有些店明顯適合這樣做，有些店也大可不必這麼講究。

某位拉麵店主曾說過：「如果一開始先喝湯，那喝到的就只有湯。不過如果從麵開始吃，就可以把湯一起送進口中。這種吃法才是『拉麵』的真諦吧。」這還真是突破了盲點，說得很有道理。

有些店我反而推薦先從麵開始吃。這類拉麵的豚骨湯底，表面浮著用麻油炸大蒜製成的香味油，如果從麵開始吃，反而可以因為攪拌湯頭的動作，而緩和麻油中的苦味。

吃蘸麵時，第一口麵也建議不要蘸湯，直接品嘗麵條本身的風味。以前這樣做會被笑，但現在多數人都能享受這種吃法的樂趣。跟蕎麥麵一樣，先確認麵條以及蘸汁的味道、鹽分、濃度後，就會知道麵條要蘸到什麼程度，才符合自己的喜好。無論任何拉麵，我希望讀者在吃的時候都不要被框架束縛，而是盡可能用自己喜歡的狀態來品嘗。

店主是搖滾巨星。調理過程是演唱會。吧台座位是搖滾區。拉麵是店主的女兒。有出身名門的大小姐，也有店主親力親為養大的孩子

對我而言，拉麵店主就是搖滾巨星。去店裡吃麵有如去看演唱會，而在家裡吃的拉麵等於聽ＣＤ，是完全不一樣的感覺。

過去我曾有機會採訪在「新橫濱拉麵博物館」開店的店主，當時的引薦人為了緩和氣氛，笑著對非常緊張的我說：「不過就是拉麵店的大叔而已啦。」但要知道，拉博在拉麵界的地位，簡直有如武道館或東京巨蛋，能在那裡營業的店，等級如同超資深的搖滾明星，對那些在小型Live House表演的音樂人而言，他們就是憧憬的目標，有些人甚至會用安可（在店內連吃好幾碗）來支持心中的偶像。

對搖滾巨星而言，生活不是只有華麗的舞台。有店主為了追求味道的極致，甚至被巨大壓力逼出蕁麻疹。尼崎的「拉麵矢 Rock'n Billy S1」店主嶋崎順一是發明昆布水蘸麵的人，據說他就曾經因為昆布水的萃取狀況不符理想而蕁麻疹發作。秋葉原的「饗 黑㐂」老闆黑木直人，拿第一次完成的醬油拉麵請尊敬的店主試吃，結果被全盤否定，後來也得了蕁麻疹。從這些小故事，就能知道這些拉麵店主

給自己多少壓力。

另外，我把拉麵當成「店主的女兒」。店老闆在名店修業的經歷、選用稀少的嚴選素材，就像是顯赫的家世以及與生俱來的才能；高貴的餐具、奢華的配料，則等同於名牌服飾和妝髮。不過這些外在條件，跟拉麵好不好吃是兩碼子事。即便是稀鬆平常的素材，只要店主不辭辛勞，像家長教養孩子一般用愛培育，我認為這碗拉麵……這個孩子也必定會長出很好的性格。無論是滿臉笑容的活潑女孩、優雅有禮的清純大小姐、有教養的知性美人，或是有趣的個性派辣妹，對我而言「與拉麵的邂逅」就是遇見這些店主的女兒。

人稱拉麵之鬼的佐野實先生（已故，P87）曾留下「麵條是男人、湯頭是女人」的名言。他想表達的或許是，麵和湯就像被紅線牽引般，找到最適合自己的對象，為了彼此而存在、互相影響，才能成就一碗理想的拉麵。這句話也表達了一流製作者獨到的感受。

「天空落下」和「燕返式」，甩麵水的表演不斷推陳出新，但其實只要放著20秒水氣就沒了

天空落下、燕返式、華嚴瀑布、震央、竹若X……這些都是曾經被用來稱呼甩麵水手勢的名稱。00年代這類甩煮麵水的表演非常流行，甚至會出現在杯裝速食炒麵的廣告中。雖然應該會有人覺得這不過就是在炫技，不過每種手法都有其理論根據，也有幾位店主一致認為：「麵條擺著不動，等20秒水氣就沒了啊。」實際上也有店家真的是這麼處理的。

不過多數的店都會配合節奏，迅速地甩乾麵條。這是因為營業實務上必須盡可能縮短時間，而且也不能無視視覺上的娛樂面。在店主俐落的動作中，激烈的甩麵動作就像對客人展示功夫的亮點，也會營造出「拉麵終於要上桌了」的期待興奮感。有段時期這種甩麵秀多到過剩，某家店的人在甩麵時甚至還會抬腳，讓人真的很害怕雨鞋底下的水滴會不會飛進麵裡。順帶一提，告訴我「只要等20秒……」的其中一位店主曾說過，如果要讓麵條上的水分快點甩乾「最好是用力地從身體前方甩到後側」。

雖說徹底甩乾麵條，可以避免湯頭被煮麵水稀釋，但讓麵條不停撞擊篩勺，也有可能會刮傷麵條的表面，所以有些店乾脆讓篩勺和麵條一體化，靜靜地濾乾水

分。因為客人只會在乎「唰！唰！」的甩麵聲，所以這些店家說不定會沒法讓吃客感到「煮麵水被甩乾淨了」，但也不要因此就太早下定論，認為店家在瀝乾麵條水分這件事上做得不夠徹底。

某家店因為甩麵時會連續狂甩漏篩（參見P137）50～60次而聞名，但即便如此，麵條的質感卻完全不會受損，可見麵條強韌得禁得起這般對待。另一頭，台灣拌麵的元祖「麵屋 花火」，卻會把剛煮好的麵用木棒在篩網裡擠乾，反而是故意藉著在麵條表面弄出傷口，以讓湯汁更能巴在麵條上。

如果用平篩網撈麵，麵條就有足夠空間在鍋中游泳，熟度會更加均勻，但要用平篩網在大鍋中準確地逐一撈出一人份的麵，卻需要相當熟練的技術。而且因為甩麵需要時間，為了讓鍋中的其他麵不要煮過頭，就要把注入鍋中的自來水開大一點以降低溫度，要想得很細緻才行。

以前也有一派比較隨性的想法，認為甩麵水不夠徹底，其實也是拉麵風味的一部分……但其實就連瀝乾煮麵水這件事，都需要花費許多心思和技術。在等待拉麵上桌時，與其滑手機，不如把目光聚焦在店主甩麵的動作上，更能體驗到臨場感。

魚介豚骨湯、蘸麵2大台柱，還有「特製」這種命名……讓許多店家模仿的中野「青葉」其實是東池袋大勝軒Inspire系？

說起「東池袋大勝軒」，就會想到在舊店面時代連日大排隊的那家名店。初代店主山岸一雄甚至曾經在雜誌上公開食譜，實踐了超乎當時人們想像的創舉。而迷戀他拉麵美味的粉絲們，不少也以大勝軒的美味為目標，靠著自學創業，藉此催生了許多名店。在這些店當中，我認為「中華蕎麥 青葉」（下稱青葉）不僅是拉麵的味道，包含店面形象和菜單組成等細節，整間店都把大勝軒當成了範本。「青葉」在擴張前，店面也跟「東池袋大勝軒」的舊店面一樣小。

首先，兩家店的基本菜單名稱都是「中華蕎麥」。而且，配料都是魚板和水煮蛋，麵碗也都是白底藍花紋。「青葉」現在給人的印象是魚介豚骨湯頭的先驅，但其實在動物系湯頭中加入明顯的魚介，是「東池袋大勝軒」等「丸長」體系拉麵的特徵，當中東池袋的湯頭是用猛火滾煮豬大骨的白湯，富有濃度。先要了解這一點，才能真正品嘗到「青葉」的美味。

「東池袋大勝軒」從創業起，就把蘸麵放在菜單裡，而「青葉」也是把拉麵和蘸麵當成店裡的兩大台柱。以1996年當時的新開店而言，這種作法非常稀奇。「東池袋大勝軒」的蘸麵名為「特製盛蕎麥」。山岸把中野修業時代的經驗化為菜色時，想起故鄉長野在兒時讓他感動的信州蕎麥，於是把品名訂為「盛蕎麥」，為了不與日式蕎麥麵混淆，所以加了「特製」二字。「青葉」則把「特製」一詞當成配料增量的意義，這種設定現在已經普及到全國的拉麵店（參見P38）。順帶一提，被山岸當成大哥尊敬的表哥坂口正安，在他擔任初代店主的代代木上原「大勝軒」（現已歇業），將蘸麵命名為「蘸蕎麥麵」。至於「蘸麵」這個名字的創始人，則是連鎖店「蘸麵大王（つけ麺大王）」。

「青葉」的魚介豚骨湯和蘸麵後來被許多店家採納，逐漸發展成濃厚魚介豚骨蘸麵。在這段趨勢的深處，可以窺見「東池袋大勝軒」的存在，而在大勝軒背後，也有著「丸長」的源頭。拉麵的發展就像如此，未必侷限於店主學藝的地方，無論味道、烹調方法、賣法的傳承都各有脈絡，並不斷進化跟改良。關於這些流變，不妨參考本書開頭的樹形圖（參見P18〜21）。

日本人喜歡客製化。博多豚骨、家系、二郎系、油麵……這些人氣拉麵的共通點，就是客製化點餐方法，以及桌上豐富的調味料

幾乎沒有人會不喜歡拉麵，但偶爾真遇上這種人時，我總會想委婉地問問理由是什麼。不喜歡拉麵的理由包括「要吃得很趕」「不擅長吸麵」等等，但當中我聽到最多的回答，卻是「從頭到尾味道都一樣」。聽在喜愛拉麵的我耳裡，會覺得「是這樣嗎？」，然而卻真的有人因為這個理由，數十年來都不吃拉麵。這時，如果試著觀察那些人氣類型拉麵……

例如博多豚骨拉麵，麵條的硬度從偏軟到只是過水的極硬等細節，在點餐時都可以指定，桌上也會有辛子高菜、芝麻、醃紅薑等佐料；家系拉麵除了可調整麵條硬度、味道濃淡、油脂量外，桌上還會擺著豆瓣醬、蒜泥、薑泥、醋；二郎系拉麵提供客製服務，想要多加蔬菜、加或不加蒜泥、調整味道濃淡、加不加背脂都沒問題；油麵或乾麵則有豐富的加點配菜選項，是在食客添加辣油、醋、美乃滋等調味料享用的前提下設計的食物。簡言之，這些人氣分類的拉麵，店家共通的特色是會備齊能改變味道的品項。

就像吃糖果或薄荷糖時，含到最後總會忍不住咬碎它，這是因為口腔已經習慣了同樣的味道，咬碎可以增加表面積，讓味道嘗起來更濃郁，是一種無意識下的變味效果。在這層意義上，蘸麵也可以依照蘸汁的方法來調整味道。以前曾流行過「雙重味覺」的變味拉麵，例如埋在湯裡的調味醬會慢慢融化，或利用另外添加湯凍來改變味道，讓人吃不膩。不過這些都是店家的片面作法，跟食客的自由度是兩碼子事。

位於東京都內的博多豚骨拉麵店「田中商店」，在客人多次加麵而碗中沒湯時，會幫忙把湯加滿。這是非常細緻體貼的服務，但有一次，田中老闆正要問一位加麵好幾次的客人需不需要加湯時，客人卻說：「不用。我喜歡在湯變少的時候加高菜，當成拌麵來吃。」他這才發現，不該把店家自己的想法強加在客人身上。田中老闆在著作中寫道：「客人拿到手的瞬間，這碗拉麵就已經是客人的東西了。讓客人可以用自己覺得最好吃的方式品嘗，才是最好的作法。」雖說如此，但站在客人的立場，還是應該要以不失禮為度，例如因為桌上提供的佐料是免費的，就在麵碗裡加超出常識範圍的量，或者明明知道自己吃不完，還故意點大份量等，這類行為不可不慎。

真正的常客，不是「頻繁來吃的人」，而是「行動時能把店家放在第一順位的人」

來店多次、認識店主、甚至嘗過隱藏版菜單……這些都不是「常客」的條件。足球界稱支持球隊的粉絲為「第12名選手」，在餐飲界也一樣，只有心中總是真誠支持店家的人，才是適合被稱為常客的寶貴客人。

明明店外有人在排隊卻在座位上一直喝酒，或是吃完了還要聊個不停的纏人客人，這些人都是錯把常客當成了特權階級。就算因為心情好而想要小酌，但拉麵店的生命就是翻桌率，在繁忙時段如果不趕快吃完拉麵起身走人，就是在給店家添麻煩。坐在幾乎客滿的店內等拉麵時，如果下一組進來的客人是二人組，然後自己兩側的座位又剛好空著，常客應該要能主動替店家想，跟店主打聲招呼後移到一側去坐，如果店家來拜託，那更是當然要爽快配合的。

如果是真的很常去的店也就算了，有些人明明是第一次去的店，卻拼命想裝熟，在店主忙著煮拉麵時一直搭話，或是不叫對方「老闆」，而是直接叫人家的名字，甚至遞出印有自己部落格網址的名片……這些行為往往會造成店家的困擾。站在店家的立場，為了做生意，通常不太會表現出來，但卻有非常多店主對這種客人感到頭痛。

排隊時，如果看到好像因為不知道排法跟隊伍尾端在哪而苦惱中的人，就應該跟對方說明，並同時告訴他需不需要先買餐券。如果聽到店員說已經賣完了，自己的是最後一碗時，也應該告訴後面來的客人。這些事情根本不需要是常客，是個人都理所當然該做的事（但不管哪個例子，我都曾經因為前面的客人沒講，而站著一直白等……）。特別對第一次來的客人而言，這些經驗都會變成對店家整體的印象，是非常重要的。雖然如果碰到那種對店家很熟的人，纏著自己講個沒完也很煩，但那些明明知道卻假裝沒看見的人，也讓人無法苟同。

我曾有次跟兩個陌生人併桌，筷子和水壺放在桌子的對面，很難拿得到。但我明明什麼都沒說，對方卻幫我拿了筷子，甚至還會說著「順便幫你倒」而幫我倒水。他們都是年輕的男性客人，所以格外讓人覺得難得而感動。我不知道他們是不是常客，但比起留下了併桌真不方便的記憶，這家店在我心中留下的印象反而大幅升級了。

想出「麵屋」的「麵屋武藏」、「中華蕎麥」的「中華蕎麥富田」等，在店名前加綴的肩標，也是一種隨著時代而有的流行

「拉麵 〇〇屋」這種店名的「拉麵」部分，稱為「肩標（Shoulder Name）」。光是這個領域，就足以出一本專書，礙於篇幅，就讓我抓幾個重點出來說明吧。在昭和中期還沒有肩標的概念，所以在招牌寫上「支那蕎麥」或「拉麵」等字，只是因為如果不寫品名，就會看不出是賣什麼的店。將味噌拉麵推廣到日本全國的「道產子」（或稱「道產娘」）把「札幌拉麵」當成肩標，從此確立了在地拉麵的形象。此外，拉麵從中華料理店獨立出來，進而專店化的過程中，也出現了「拉麵專門、專科」等表現，肩標同時也扮演市場行銷工具的角色。

我個人將肩標分類為「味道系、地域系、經典系、發展系、創作系」等五類，越後面的分類，越讓人看不懂是什麼味道，卻也有著更強的獨創性，這是因為每種類型的肩標，想要強調的都不一樣：味道系（味噌屋、湯麵、咖哩麵）、地域系（札幌、喜多方拉麵、橫濱、博多）、經典系（拉麵、中華蕎麥）、發展系（麵食堂、麵工房）、創作系（旬麵、創新麵庵、馳走麵），可以看出這些肩標依照特徵、情感、附加價值等目的而有所不同。

接著讓我們快速回顧一下近年的歷史。96年組「麵屋武藏」使用史無前例且劃時代的「麵屋」二字，於是爆發性地擴散。平假名的「らーめん（拉麵）」也從「鯨軒」開始引起矚目，讓人感受到其擺脫中華形象的企圖。而單用「麵」字的肩標，則集中出現於世紀末～新世紀間，這時迎來了第二波蘸麵浪潮，自家製麵的店家變多，是一個目光焦點被放在麵本身的時代，比起「麵屋」，「麵」字看起來更輕鬆，常見於住宅區的店家。在新奇肩標量產的風潮中，00年代中期開始增加的「麵處」是改自「御食事處」的造詞，伴隨著安心感，也讓人有種回歸原點的感覺。在這時創業的「富田」，肩標「中華蕎麥」也在2009年爆紅後急速成長。而2011年左右，英文字母標註的「Noodles」開始激增，這是受到「蔦」跟「空之色」的影響，也有很多店把片假名的「ヌードル（Noodle）」直接當成店名而非肩標使用。其後隨著海外的認知度提升，開始轉往「Ramen（拉麵）」。此外，沒有肩標的店則會取一些像是「啥米亭」「頑者」「愚直」「麵魚」等印象強烈的店名。

因為佐野實在自己的店「支那蕎麥屋」裡，把拉麵寫作「らぁ麵」，許多深深憧憬、尊敬佐野的店主，就會將肩標取作「らぁ麵」。此外，有些系列店還會在肩標中致敬曾修業過的店家，這真的是非常深奧的世界。

把拉麵的麵條咬斷放回碗裡的理由，除了湯會噴濺、麵碗很重之外，還有因為坐在吧台座位

因為一口吸不完而把麵咬斷，於是咬斷的一端就從嘴角「啪嗒啪嗒」的掉進湯裡，這副模樣一點都不美，我有朋友就曾因為看到伴侶這樣而瞬間冷掉。即便如此，還是有很多人吃拉麵的時候會這麼作。我數十年來對此深感疑惑，問了好多朋友，但沒有人能回答我為什麼。真是一個非常深奧的問題。

說到頭，麵條的長度本來就因店而異。店主應該都是在不斷試吃後，決定最適合店裡湯頭的麵條規格。如果是溫潤系的湯底，藉著夠長的麵條，就能讓人好好品嘗到風味和尾韻。說到「吸麵」，訂閱人數超過百萬的Youtuber「SUSURU」，總會在影片中徹底地把麵吸到最後，看他吸麵是件非常爽快的事。有些人可能會激辯「那如果是超級長的麵，要怎麼辦啊！」那種當然是例外啊。

我也曾想過「他們是不是因為沒有想過嘴裡能容納的麵量有多少，或是估算不出來？」，但有些人即便麵條剩下不到幾公分也是要咬斷，這就不一樣了，說不定這就像麵一上桌就狂灑胡椒，或是看到免洗筷就要拿起來互相摩擦一樣，是一種個人的壞習慣……謎團又變得更難解了。

我的結論是「因為吸麵會增加麵湯亂噴的風險」。可能是因為在吸麵的瞬間，會很怕麵條尾端在彈跳時讓湯汁四濺而弄髒衣服，所以才會在適當的位置咬斷。雖然只要端起麵碗，靠近臉吃就可以解除這種擔憂，但現在的拉麵碗都做得非常重，也只有極少數的人會捧著麵碗吃麵。

吃其他麵類時，會咬斷的人就很少了。蕎麥麵的碗很輕，如果要拿著吃，蘸麵露的豬口杯也可以拿到嘴邊。烏龍麵很粗，所以從一開始就不會一次夾太多。義大利麵可以用叉子捲著吃，醬汁也不會亂噴。

另外，拉麵專賣店追求薄利多銷，店舖面積都很小，連帶讓桌面座位變少，所以跟人面對面吃東西的機會減少了。而且麵碗重得端不起來，吃拉麵比起其他麵類也更要求速度，吃的時候總是面朝下方，於是吃拉麵的人更不在乎他人的眼光……這是綜合種種因素後，我歸納出的假說。

要怎麼吸麵是個人的自由，以上說的都是我個人的感想，說不定把麵咬斷也能發現意外的口感，有興趣的人請自己試看看。唯一讓我難以置信的是，有些人在跟別人共享一碗麵的時候，竟然也會把麵咬斷。除非是非常親密的對象，否則這種人的人品，我深感疑慮。

全國在地拉麵總巡禮

本篇介紹分布在全國各地的在地特色拉麵。每種分類都會因店家不同而有細微差異，關於店的歷史也只會概述，主要介紹基礎知識。

札幌

【さっぽろ】札幌雖以味噌拉麵聞名，但在其誕生之前，主角當然還是鹽味和醬油拉麵。大正11年（1922年）創業的「竹家食堂」是札幌拉麵的濫觴，而味噌拉麵的起源，據說是昭和30年（1955年）左右的「味之三平」，老闆因為單身在外工作的客人要求「在豬肉味噌湯裡加麵」而得到靈感（現任店主否認此說法）。札幌味噌拉麵的主要特徵是，除了經典的配料外，還會加上炒過的蔬菜或絞肉；湯頭是以豚骨為主體、表面浮滿一層豬油的濃厚湯底；麵條則是咬勁強的高含水熟成中粗捲麵。奶油、玉米都被當成拉麵配菜，「札幌味噌拉麵」在各地的北海道物產展、速食麵上市，以及「道產子」迅速展店等事件影響下，一躍跨足全國。現在極受歡迎的香辣超濃厚味型，是在昭和39年（1964年）誕生於「純連」，並由這家店的學徒們以「純菫系」（參見P89）傳承下來的。

旭川

【あさひかわ】以醬油味為中心的「旭川拉麵」，是結合了青花魚乾、竹筴魚乾等魚介系素材，以及豚骨、雞骨等動物系

的強力湯頭。浮在湯面的豬油層，是極寒地區特有的特徵。低調的中細捲麵加水率低，能吸住更多湯頭。昭和22年（1947年），代表旭川當地的兩家拉麵店「青葉」與「蜂屋」同時誕生。後者的焦香豬油風味具有強烈特色，雖然很難說是人人愛，但一旦對它上癮，其他拉麵就難以取代。此外他們也是製麵所「加藤拉麵」的親戚，在各地都有開分店。靠著這份努力，首都圈在96年左右也刮起了旭川拉麵旋風。

函館

【はこだて】擁有全日本最清澈湯頭的「函館拉麵」，口味也如其外觀一般淡麗，雖是鹽味拉麵，喝起來卻不死鹹，帶有溫潤沁人心脾的甘美。長時間用小火保持微沸狀態，慢慢燉煮豚骨等動物系骨頭素材而成的湯頭裡，泅泳著溫柔的細直麵。函館身為國際貿易港口，拉麵的歷史從明治時期開始，相當悠久。而其特徵「鹽味、動物系清湯、直麵」，也非常接近從中國傳來的拉麵原型。

青森

【あおもり】歷史悠久的「煮干拉麵」所在地。以煮干、燒干等乾貨為中心，湯麵幾乎不浮油，麵條也是使用了鹼水的自家製麵，外觀簡直就像是細烏龍麵。煮干拉麵至今仍是亙久不變的在地經典，但自從煮干濃度高得驚人的「高橋中華蕎麥」成為全國性的人氣名店，也開始出現調和動物系湯頭等更濃厚的變化型煮干湯頭。在以小蜆聞名的十三湖，也有鹽味湯頭搭配細麵的「小蜆拉麵」。「味噌咖哩牛奶拉麵」也是提到青森就不能落掉的，雖然保有了三者共存的味道，卻不可思議地融合，有的店家還會加入韓式泡菜和納豆。許多當地人或青森出身者都認為：「煮干拉麵太過理所當然了，味噌咖哩牛奶拉麵才是我們的靈魂食物。」

十文字

【じゅうもんじ】在秋田十文字町，雖然拉麵店不多，卻仍自成一派「十文字拉麵」。昭和10年（1935年）左右創業的「丸玉（マルタマ）」是十文字拉麵的元祖，醬油湯底的基底是使用沙丁魚燒干等乾貨熬成的魚介系高湯，口感清爽淡雅，裡頭的麵條是鹼水用量較低的細捲麵。拉麵裡放麩和魚板也是一大特色。

山形

【やまがた】日本屈指可數的拉麵大縣山形，其拉麵消費量是日本第一，理由是即便食慾不振的夏季，也有加了冰冰涼涼牛肉湯的元祖「冷拉麵」可吃。自家製麵率高達八成的「酒田拉麵」，是用加了大量魚介素材的醬油湯底，搭配含水量高的細捲麵，也有很多店會賣滑滑嫩嫩的雲吞。「赤湯辛味噌拉麵」是在清淡的味噌湯中加入粗捲麵，上頭擺上一團加了辣椒、大蒜的辛味噌醬，讓客人在吃的時候慢慢拌入湯中，是一種與札幌起源不同的味噌拉麵。「米澤拉麵」是在動物系的清爽醬油湯裡，加上大量手打的高含水細捲麵。新庄的「雞雜拉麵」會加入滷雞下水。長井市有「馬肉叉燒拉麵」。天童市的蕎麥麵店會提供「雞中華」，結合了日式蕎麥麵露與中華麵條。無論哪種，整體而言山形拉麵的麵量都偏多。此外說到山形，絕對不能漏掉「小健拉麵（ケンチャンラーメン）」，這裡廣受全國拉麵狂人們的熱愛。

新潟【にいがた】

拉麵王國新潟的南北縱長，於是生長出了各式各樣的拉麵。首先在新潟市，以煮干高湯色澤通透的簡約「清爽醬油拉麵」為主流。粗麵的「濃厚味噌拉麵」口味濃重，但可以加入附贈的清湯來調整味道，是很稀奇的形式。另外，在首都地區也人氣頗高進而經典化的「燕三条背脂拉麵」，則是結合了咬勁極強的超粗麵、煮干風味強烈的濃厚湯底，以及在湯面提供甘甜味的大量背脂而成，可說是超級個性派。而在豪雪地帶長岡，發展出「長岡生薑醬油拉麵」，加了能讓身體保暖的爽辣生薑，在首都地區的專賣店也正在增加。上述的拉麵再加上近年竄紅的三条市「三条咖哩拉麵」，合稱新潟五大拉麵。除此之外，蒜味濃厚帶衝擊感的「上越味噌拉麵」等個性派拉麵也得以存活，對拉麵而言，新潟真是一塊豐饒的土地。

喜多方【きたかた】

「喜多方拉麵」的湯底是用豚骨和雞骨熬成，加入淡色醬油或鹽調味。麵條則用了飯豐山等地的融雪水，切成帶寬度的平捲麵，因為含水量高，滑過舌尖的感受更滑潤，咬起來也更Q彈。拉麵裡會加入許多四方形的小塊五花肉叉燒，如果點叉燒麵，幾乎會蓋滿整個麵碗。近年來，湯面浮滿背脂的類型，以及擺盤清爽美型的都會型也不斷增加。喜多方拉麵始於大正末期由中國浙江人藩欽星創立的麵攤「源來軒」，單位人口擁有的拉麵店數也是日本第一。早上吃拉麵的文化在當地深植人心，所以有大半店舖都是從早就開始營業。在地人成立了「倉庫之城喜多方老麵會」（昭和52年創立），團結一致維持日本三大拉麵的榮耀。與札幌、博多這些大都市比，喜多方除了歷史悠久的倉庫建築，既沒有大都會的鬧區，也沒有知名的名勝古蹟，但人們取而代之的是把驚人的熱情灌注在拉麵上，稱喜多方為拉麵之城也不為過。

白河

【しらかわ】白河在地有著百家左右的拉麵店。雖然不是第一家賣拉麵的，但現在「白河拉麵」的形式、歷史，卻都始於昭和44年（1969年）的「虎食堂（とら食堂）」。這裡的徒弟遍及縣內外，每家都以不讓本家蒙羞的味道馳名。其最大的特徵是使用「手打麵」的中華刀切麵，這是一種較寬的捲麵，是用擀麵杖擀平後再用刀切，並用手揉捲的麵條。為了搭配這咬勁十足的麵，湯頭是用豚骨、雞骨等動物系素材熬製的清澈醬油湯，上頭搭配用炭火燻烤的豬腿肉，色澤桃紅，一口咬下滿嘴生香。螺旋魚板和菠菜也為白河拉麵添色不少。

佐野

【さの】佐野拉麵是歷史悠久的在地拉麵，這裡擁有名列「名水百選」的「出流原弁天池」，踩著青竹擀壓出來的自家製麵是最大特色。會在口中彈跳的寬麵咬勁十足，滑過喉頭時的感覺也很棒。以豚骨和雞骨為主的清澈湯底非常清淡，不是那種有著強烈旨味或吸引力（參見P134）的拉麵，但卻是每天吃都不會膩的類型，從這點可以看出，拉麵自古以來就已深入當地的日常飲食。在2013年的「日本全國吉祥物大賽」中優勝的佐野市吉祥物「佐野丸（さのまる）」，就把佐野拉麵的碗當成斗笠戴。

茨城

【いばらき】水戶的「精力拉麵」使用大量的肝、內臟，以及高麗菜、胡蘿蔔、南瓜等蔬菜，就算放在全國範圍看，也是相當特別奇怪的拉麵。在這當中還有一種不加湯的「精力冷麵」，是在用冷水鎮涼的麵條上頭，淋上滾燙的甜辣芡汁，個性十足，點大份來吃的人非常多。此外還有重現那位水戶黃門曾吃過的「水戶藩拉麵」，以及放上雞叉燒的「下館拉麵」。

千葉

【ちば】千葉有很多種在地特色拉麵，但當中「竹岡式拉麵」的存在感最為強烈。元祖「梅乃家」驚人地不熬高湯，但卻是一家每天都大排長龍的人氣名店。其藉著滷大量的叉燒，來把肉的旨味煮進醬油醬汁裡，再用「熱水」稀釋成麵湯，麵則是乾麵條，還會用洋蔥當佐料，跳脫常識的例子真是說也說不完。整體來說竹岡式拉麵的店裡既沒有大湯鍋，也沒有傳統的煮麵鍋（部分店家還是會熬湯）。「勝浦擔擔麵」是辣油非常突出的獨特通紅擔擔麵，切得大塊的洋蔥丁口感極具個性。以地處偏僻而聞名的「阿里郎拉麵」，則是蒜頭和辣味強烈的精力系拉麵。無論哪種，都會把洋蔥當成佐料或配菜，這點非常有趣。另外還有「醬汁拉麵」、加了牛奶的「袖浦白浦拉麵（袖ケ浦ホワイトガウラーメン）」等等。

神奈川

【かながわ】現在說到神奈川拉麵的代表，就是橫濱的「家系拉麵」了。元祖「吉村家」1974年創業，雖然以在地拉麵而言資歷尚淺，但以其為頂點，家系拉麵的系譜卻在短時間內迅速開枝散葉。濃厚的豚骨醬油湯底表面浮著雞油，搭配稍短的QQ粗麵，配菜是燻製的叉燒和菠菜，而且一定要放3片海苔。獨創可以指定「麵的軟硬度、味道的濃淡、油量」的點餐方式，桌上也會放著蒜泥、生薑、豆瓣醬。本來只有學徒開的直系店家才能被稱為「家系」，但受其影響或模仿的店家，也可以被廣義地納入。「神奈川淡麗系」因「鯨軒」和「中村屋」的爆紅而興起，魚介風味的清透湯頭表面浮著香味油，與細直麵非常搭。「小田原系」則是用不混濁的溫和豚骨湯，搭上叉燒和雲吞的飽腹系拉麵。最後不能落掉的是歷史悠久的「三碼麵（サンマーメン，又作生碼麵）」比起拉麵更接近中華料理一類，會淋上加了豆芽等炒蔬菜的芡汁。

東京

【とうきょう】東京的拉麵界總是不斷出現實驗性的味道，每幾年就會掀起新的流行，也會不斷有來自各地的在地特色拉麵參戰，總是處於一片混亂，但東京拉麵的基本形式，應該是雞湯搭配辛香蔬菜的「中華蕎麥」；關東人喜歡清爽俐落的濃味醬油搭配捲麵，經典配菜是腿肉叉燒、筍乾、螺旋魚板、菠菜。在豚骨醬油湯中甩進背脂的「背脂唰唰系」直到今天仍有堅實的人氣基礎。在中華蕎麥當中，出現魚介強烈的「荻窪拉麵」掀起一陣流行，以及從中野到池袋，甚至蔓延全國的「蘸麵」文化。另外還有武藏野發祥的無湯「油麵」。「八王子系」是以叉燒麵為賣點，加上碎洋蔥的醬油拉麵。因為東京人口多，所以走在時代前面的，或是好惡兩極的店家都比較容易生存。現在甚至有年輕人認為「魚介豚骨」或者沒有豬腥味的「輕豚骨」才是東京的經典拉麵，東京拉麵在混亂度不斷提升的同時，新的分類也不斷增生（參見P18）。

長野

【ながの】長野是有名的蕎麥麵之鄉，所以拉麵難以生根，但或許是因為地處內陸中心，近年來長野拉麵進化和活性化相當顯著，融合各種地區特色的企圖心十分強烈。由有志店主們組成的「信州麵友會」擔任掌旗手，讓已經歇業的「光蘭」人氣菜單「國王中華麵」復活並重新普及，這是一碗用雞高湯搭配斜切的長蔥，並灑上黑胡椒的拉麵。此外伊那地區還有稱為「肉麵（ローメン）」的麵料理，會加入羊肉以及高麗菜、大蒜等蔬菜，肉麵又可分為湯汁較少的拉麵型（有湯），以及炒麵型（無湯）。

飛驒高山【ひだたかやま】

「飛驒高山拉麵」在以雞高湯為主的湯底裡加入魚介的和風醬油湯頭，搭配較細的手打捲麵，呈現相當普遍的中華拉麵特徵。不過其作法卻相當特殊，背離了那樸實的外表。一般的拉麵都是在碗中勾兌高湯和調味醬汁，但在高山，卻是直接在大鍋的原湯裡用醬汁調味，換句話說，隨著時間經過，鍋裡的湯會慢慢煮乾，在晚間的營業時段嘗起來味道更濃。這是在其他地區完全看不到的作法，多數當地人也不知道這種差異。始於元祖「真砂蕎麥（まさごそば）」的飛驒高山拉麵，甚至會被當地人當成跨年蕎麥麵吃，真是一座拉麵深植人心的世外桃源。

名古屋【なごや】

名古屋料理擁有獨特的文化。誕生於「味仙」的「台灣拉麵」是把豬絞肉、韭菜、大蒜和辣椒一起炒成醬，再加入雞湯的醬油口味辣拉麵。常客最喜歡在店裡喝完酒後點一碗當成收尾。雖然名字叫台灣拉麵，但這種麵並不是在台灣發祥的，據說是味仙的台灣人老闆以故鄉的擔仔麵為原型創作的員工餐。「麵屋 花火」把台灣拉麵的特徵用在無湯拌麵上，推出的「台灣拌麵」２０１４年在首都地區爆紅。接著是「好來系」，特色是用動物、蔬菜熬成白湯，搭配中粗直麵，還會加上高麗人參醋等佐料。有些店甚至會加上大量的筍乾，也是一大特徵。「BetoCon拉麵」則加了大量蒜香飽滿的香辣炒蔬菜，也就是所謂的精力拉麵，據說名稱的由來是「Best Condition」的簡稱（關於其命名和發祥也有許多說法）。另外還有極細麵條搭配濃稠蛋花湯的「蛋花湯拉麵（玉子とじラーメン）」等，是猶如在加拉巴哥島①般獨立發展出多樣化飲食的名古屋，才有的多姿多彩。

① 指在孤立環境下獨自發展出只適用於當地的特色。進化論中描述加拉巴哥群島的生物演化狀況，後被日本人用於形容那些在孤立市場下不斷發展，最後喪失泛用性的商業模式或服務。

富山

【とやま】雖然與本來被稱為富山拉麵的類型完全不同，但最富盛名的卻是「富山Black」。元祖「大喜」拉麵的鹽分濃度據說是日本第一，鹹度有如惡鬼，加上胡椒風味強烈，而且筍乾等配菜也很鹹，甚至使麵染色的深黑湯頭，簡直讓人無處可逃。不過這裡本來就允許客人自己帶飯，當地的常客會把拉麵當成配菜吃，現在比較容易入口的富山Black也逐漸普及。另外在入善町還有Brown、Red等等，用顏色名稱發展拉麵這點非常有趣。富山拉麵把「○○Black」這種超鹹類型的拉麵推廣到整個業界，可說是功不可沒。

京都

【きょうと】有別於京都給人的清雅形象，這裡是日本少數的超濃厚拉麵聖地。「新福菜館系」是溫醇的雞湯，雖然湯色因為加了濃口醬油而發黑，但意外地一點也不鹹，加上大量麵條和香氣撲鼻的九條蔥，是一碗平衡感絕佳的拉麵，而同樣使用醬油醬汁，炒得香噴噴的「炒飯」也是必吃款。接著是歷史悠久，背脂雞湯醬油拉麵的老店「桝谷系（ますたに系）」，底蘊藏著辣味，是有三段層次的湯頭。另一方面，靠著用雞和蔬菜熬出「超濃厚」湯底，在全國博得名聲的「天下一品」本店也在京都。而像一承寺的「天天有」等店，那種白濁又濃稠的湯頭，也被稱為「京都雞白湯拉麵」。近年來這種超濃厚化的特徵持續發展，湯頭濃到已經無法被稱為湯的店家也頗受歡迎，值得注意的是，這些店還會把日式唐揚雞塊和拉麵搭成套餐端上桌。那些把前述要素平均化，藏身於巷弄中的拉麵店，才適合被稱為「京都拉麵」。在我個人的想像中，或許是因為京都的九條蔥帶有清爽感，才加速了京都拉麵的濃厚化吧。

高井田【たかいだ】

大阪的「高井田系」拉麵，是在雞骨和昆布熬成的清雅湯頭中加入甜鹹醬油調味，並搭配麵粉香十足的粗麵，這種味覺搭配，不禁讓人有種御手洗糰子的聯想，而且還會搭配大量的蔥花。從一大早就開店也是高井田系的特徵。大阪是烏龍麵的地盤，當地人重視高湯的風味，所以許多拉麵店愛用日式高湯，或以鹽味為主。在這趨勢中，卻能讓醬油味的在地拉麵深植人心，可說是珍貴的麵文化。

天理【てんり】

奈良的「天理拉麵」，元祖「彩華」在鄰近縣市也有開連鎖店，特色是加入大量白菜或韭菜的炒豬肉，並搭配豚骨或雞骨基底的醬油湯頭，麵條偏細。蔬菜的甘甜、旨味，以及油炒帶來的濃郁感，還有特調醬料與豆瓣醬的辣味，蒜香拉出來尾韻。雖然是富有精力拉麵色彩的強烈味覺，吃起來卻格外輕盈，容易入口。

和歌山【わかやま】

在平成9～10年（1997～1998年）掀起熱潮的「和歌山拉麵」，可粗分為2大系統，分別是使用雞骨湯、口感清爽的豚骨醬油「車庫前系」，以及把湯燉到白濁濃稠、由「井出商店」發祥的「井出系」。說到車庫前系，可能會直覺認為是因為人氣麵攤開在市營電鐵的車庫前而得名……但當地人似乎並不會把它們特別提出來討論。無論哪一系，很多店家從以前就會在店裡放鯖魚的押壽司「早壽司」，客人在等拉麵的時候可以當前菜吃。其他特徵包括，店名不叫拉麵而是「中華蕎麥」、麵裡放魚板、很多店的名稱會有個「〇」字。特別是井出系的代表「井出商店」，過去曾在「新橫濱拉麵博物館」設店，靠著銷售碗數等成績打破許多新紀錄。在過去說到「當地拉麵」就僅限於札幌、喜多方、博多等地的世道中，井出系拉麵有如正式讓當地拉麵活性化並更加普及的功臣，也讓全國各地的拉麵粉絲來此朝聖。

尾道【おのみち】

尾道拉麵醬油湯底中的魚介香氣強烈，麵條主要是手擀麵，還會加入油炸背脂後的油渣，沁人心脾的風味，在全國都有許多擁護者。不過據說這碗「尾道拉麵」的定義，源自隔壁福山市的食品廠「阿藻珍味」利用平子沙丁魚製作的伴手禮拉麵。真正屬於尾道在地的拉麵元祖，是昭和初期的麵攤，並由同樣源自小攤的「朱華園」創造了現今的形式。這些拉麵的風味很偏中華系，湯面會浮滿大小和硬度幾乎可稱為配菜等級的背脂塊，也不會加入魚介素材。所以雖然是代表當地的店家，卻不會稱它為「尾道拉麵」。很可惜地，朱華園在2019年歇業了，但當地人從以前就會暱稱其為「朱先生的店」，與在地關係緊密。

廣島

【ひろしま】為了與尾道拉麵區隔開來，我想要介紹幾款具代表性的廣島拉麵。首先是會加燙過的豆芽菜、口感清爽的「廣島豚骨醬油」，代表性的老店是「陽氣」。同樣歷史悠久的「雀（すずめ）」等用鳥類命名的店家，則稱為「小鳥系」。廣島獨特的蘸麵文化「廣島辣蘸麵」始於昭和16年（1941年）的麵攤「上海」，並在「新華園」打下基礎。用冷水冰鎮得緊實的冷麵條和蔬菜，搭配同樣冰涼、湯面浮滿芝麻的火紅辣味蘸汁，無論源起和形式都有別於首都地區的蘸麵，可說是一種個性派的蘸麵。另外，近年「廣島無湯擔擔麵」也有3家名店進軍東京，並廣獲注目。

笠岡

【かさおか】這裡的醬油拉麵是利用老雞而非嫩雞熬湯，配菜上放的也不是叉燒，而是稱為「柏（かしわ）」的雞肉。雞會隨著年齡增長而鍛鍊肌肉，肉的咬勁變強，熬出來的高湯旨味也更濃，吃笠岡拉麵能從頭到尾品嘗雞的美味，簡直就是一碗「THE 雞拉麵」。麵條則是中粗到中細的直麵，斜切的九條蔥相當美觀，也是一大特徵。

鳥取

【とっとり】「鳥取牛骨拉麵」自古就深植倉吉市，用牛骨熬湯並加入辛香蔬菜，湯頭主要用薄口醬油調味，帶出牛骨特有的甘美。麵條則是中粗的捲麵。據說元祖店家會同時用牛骨和豚骨熬湯……但仍有許多其他說法。

下松

【くだまつ】位於山口縣下松市的「下松牛骨拉麵」，是清爽帶甜的醬油味，但或許是因為比起鳥取，這裡更靠近九州，所以湯色偏濁，濃度也更高，牛骨風味強烈。麵條使用中粗直麵，也有許多店家會提供豆皮壽司。

德島

【とくしま】實際上可以分為3大系統，但作為德島拉麵代名詞而廣為人知的，是呈現濃濁茶色、風味濃郁的豚骨醬油湯，並用滷得鹹甜的豬五花肉取代叉燒，而且會附生雞蛋的類型。這種口味簡直就像是壽喜燒，因為非常下飯而廣為人知。在被烏龍麵文化支配的四國，這種當地拉麵可說是非常稀有，在全國範圍內也相當有名。

博多

【はかた】舉世聞名的「博多拉麵」，是湯色熬到超級白濁的豚骨拉麵。煮得偏硬的低含水細麵，具有彈牙的口感，上頭再搭配細蔥花、木耳絲等配菜，桌上會準備辛子高菜和醃紅薑，食客可以依照個人口味添加。因為是與屋台文化同時發展起來的，所以也有許多人會配酒享用。據說博多拉麵的元祖「三馬路」的湯頭完全不濁，是因為後來「紅暖簾」的店主試著重現戰時在中國嘗到的料理，白濁的豚骨拉麵才得以誕生。現在的博多拉麵也分為油膩濃厚，以及沒有豬腥味的類型。「長濱拉麵」的湯就沒有那麼濁，也不會過於濃厚，可以很輕鬆地吃完一碗。博多拉麵誕生的緣由，據說是源自為了讓在批發市場工作的人們，能在繁忙中趕快吃完飯，而使用可以更快煮熟的超細麵。也為了讓麵不被泡爛，所以沒有大碗，而是提供可以追加一球麵的「替玉」服務。雖然可以硬分為博多和長濱兩派，卻也是在地區持續傳承的飲食文化，現在已經不會分得那麼明確了。此外在當地還有把煮過的麵加上豚骨湯、醬汁一起在鐵板上炒的「炒拉麵」。

久留米

【くるめ】追溯豚骨拉麵的源頭，其發祥之地就在久留米。首先是昭和12年（1937年）的「南京千兩」，店主在橫濱學藝後開店。昭和22年（1947年），在「三九」店主的偶然失手下，白濁湯底就此誕生，隨後發展到鄰近地區，成為「久留米拉麵」一派。簡言之，久留米拉麵相較於博多拉麵更加濃厚，帶有油膩的衝擊感，也富有骨頭的風味，骨髓甚至會沈澱在碗底。基本的技法是湯頭不會在一天內用完，而是留在鍋中繼續加料熬煮的「召回法（呼び戻し）」。久留米出身的店主在各縣開店，經由博多、玉名等地，在九州各地建立了豚骨文化。

佐賀

【さが】鮮為人知的豚骨烏托邦。「佐賀拉麵」的油膩度和濃度被控制得很低調，取而代之的是白濁豚骨湯中滿滿的豬鮮味。所以麵條也不會太硬，而是適中或偏軟。這種高級的豚骨湯，與當地特產海苔、蛋黃等配料相當速配。叉燒飯吃起來也完全不厚重，許多店家也會在櫃子裡擺放在地特色炊飯「柏飯（かしわめし）」捏成的飯糰或豆皮壽司，供客人自助取用。

熊本

【くまもと】雖然湯頭看起來是白濁豚骨湯，卻也會使用雞骨，濃度恰到好處。湯中會加入炸蒜頭炸到發黑的「麻油」，或是香蒜片、炸蒜頭。換句話說，雖然形式因店而異，但一定會加入大蒜這點，是「熊本拉麵」最大的特徵。這些蒜頭的提供方式也分成：一開始就加在拉麵裡、擺在桌上讓客人自己添加、點餐時問店員等等，其中也有如果沒跟店員說，就不會加蒜的店家。麵條偏粗。據說熊本拉麵是從久留米傳來的，所以更靠近久留米的「玉名拉麵」，湯頭果然是濃稠又濃密。

鹿兒島【かごしま】

清爽又極度輕盈的「鹿兒島拉麵」用豚骨和雞骨熬出白濁湯頭，再搭配中細的直麵。元祖「登屋（のぼる屋）」的店主曾在橫濱學藝，把在當地學到的味道當成基礎。鹿兒島拉麵在九州是唯一沒有受到久留米影響的派別，所以濃厚款的拉麵也很少。配菜的特色是會加入豆芽菜、高麗菜等蔬菜。此外鹿兒島也有獨特的味噌拉麵文化。

其他在地特色拉麵

▼**北海道**　釧路醬油拉麵、室蘭咖哩拉麵、中標津牛奶拉麵、北見拉麵、上川拉麵　▼**東北**　直江津艿汁中華麵　▼**關東**　群馬藤岡拉麵、埼玉精力拉麵、埼玉豆腐拉麵　▼**北陸**　UFO拉麵　▼**中部**　靜岡藤枝（冷麵與早餐拉麵文化）、岐阜湯麵、三重　龜山拉麵　▼**關西**　兵庫播州拉麵、兵庫滷牛筋拉麵　▼**中國**　岡山新見拉麵、宇部豚骨醬油拉麵　▼**四國**　松山瓢系拉麵、今治鹽味拉麵、香南市　中日拉麵、高知須崎鍋燒拉麵、高知味噌豬排拉麵　▼**九州**　北九州拉麵、大分佐伯拉麵、宮崎拉麵、沖繩拉麵

在地特色拉麵族繁不及備載，全國各地都存在著許多小規模的在地拉麵，旅行或出差時不妨試著找看看。

系列店的基礎知識

雖然說是「系列」，但又可分成徒弟獨立出去開店後仍共同採購食材的類型、學藝後完全獨立的類型，以及加盟店等等，有各式各樣的型態。

丸長暖簾會【まるちょうのれんかい】

從長野來到東京的蕎麥麵職人們，在荻窪共同經營「丸長」後獨立的系統。由於是作蕎麥起家，所以會採用自家製麵以及煮干等魚介類素材，也可說是魚介豚骨的濫觴。其後，各店獨立出來的徒弟們在全國開枝散葉。「暖簾會」是在昭和34年（1959年）為了交流資訊和學習的目的而發起的互助組織。「東池袋大勝軒」的山岸一雄，在中野店學藝的時代開發的蘸麵元祖「特製盛蕎麥」，原型是丸長系列店的員工餐，自從正式菜單化獲得好評後，也被旗下眾多店家採用。

永福町大勝軒系【えいふくちょうたいしょうけんけい】

巨大的麵碗中裝滿了飄散煮干香氣的湯頭，覆蓋湯麵的是封住熱氣的高級豬油，並搭配份量是正常兩倍的中細麵。有些店還會加柚子片。因為非常燙，所以很多客人會在另外一個小碗中打生蛋，有如吃壽喜燒般讓麵先放涼一點，再用吃蘸麵的方法吃。這個系列的店非常有名的是，一旦被正式聘用，除了薪水優渥，還有多得破格的退職金（獨立資金），但想要擁有這些福利，得先通過書面審查、面試、實習等多重關卡。以西東京・多摩地區為中心，開了許多徒弟獨立出去創業的店。

七彩系【しちさいけい】

由食材狂熱者和基本教義派職人組隊創立的「麵屋 七彩」。貫徹「拉麵就是為了美味品嘗『麵』的料理」此一宗旨，從全國嚴選食材，重視對生產者的敬意。用天然食材萃取的湯頭，搭配手打或手揉帶出Q勁的高品質麵條，是此系統最大的特徵。雖然與其他流派相比歷史較短，卻因優秀的徒弟輩出而聞名，每個店主都傳承了師傅的精神，堅持無化調、自家製麵的作法。這份致力於開發獨家菜單、不斷打磨味道的態度，讓世間對他們的評價也非常高。代表店包括「鯨食堂（くじら食堂）」「東京味噌拉麵鶉」「麵屋 河野」「純手打 達摩（純手打ちだるま）」「麵 三井（麵みつヰ）」等。

Hope軒系【ほーぷけんけい】

「Hope軒本舖」的初代店主，1935年於錦糸町創立了麵攤「貧乏軒」，其後經過店面化、改名，成為背脂拉麵的一大系譜。千駄谷的「Hope軒」是東京第一家想出要在拉麵湯裡甩背脂的店，也成為此系統的特徵，徒弟中也出現許多像是「弁慶」「香月」等人氣名店。現在也有些徒弟是靠著背脂拉麵以外的手藝出外獨立，甚至成為名店。

家系【いえけい】

總本山位於橫濱「吉村家」，並擴散到全國的家系拉麵，用帶衝擊感的濃厚豚骨醬油湯底搭配寬粗麵，基本配菜是叉燒、菠菜、3片海苔，而且可以依照個人喜好客製味道，很多店除了提供免費白飯，甚至還可無限續碗。本來家系的定義僅限於徒弟學藝後出去分支的系譜（有些店名也可能沒有「家」字），但廣義上來說，也可以指那些沒有直接關係，但形式類似的店，包含模仿店及連鎖店。近年來獲得本家「吉村家」認可的「吉村家直系」，注目度不斷上升。

頑固系【がんこけい】

由老練的人氣拉麵職人一条安雪擔任掌門人，創立出名為一条流頑固拉麵的系譜。高湯風味鮮明，湯色清透偏鹹，搭配煮得較硬的麵條，以及入口即化的五花肉叉燒。旗下許多店面都沒有招牌，外觀塗成一片黑，營業時會在店外掛上牛骨，非常特立獨行，但這其實是為了紀念最早用牛骨來熬湯。掌門人一条不斷轉移陣地，甚至會通盤改變拉麵食材和作法，簡直是融會貫通、自由變幻。自從他開了四谷三丁目店後，開始放飛自我地使用甲殼類、貝類等高級食材，每天都毫不吝惜地展現他那舉世罕見的才能。

支那蕎麥屋系【しなそばやけい】

創業者佐野實被稱為拉麵之鬼，只使用靠自己的雙腿、雙眼、舌頭選拔出的名種雞、國產小麥等食材，是一碗毫不妥協下精心完成的拉麵。在其師徒的系譜中，也有許多徒弟使用佐野獨自開發的拉麵專用雞「山水地雞」。醬油和鹽味湯頭是兩大台柱，淡麗與豐厚層次兼具，並融入了豬骨的濃醇，吃起來非常夠味。滑順偏長的中細麵也是一大特徵，正如佐野的名言「不自己作麵的店不能叫拉麵店，只能叫湯店」，旗下店鋪皆以自家製麵為主。

呑呑亭系

【たんたんていけい】濱田山的「呑呑亭（たんたん亭）」是一家本店曾一度收掉，卻在客人猛烈要求下重新開張的人氣拉麵店。從這裡獨立出去的徒弟、甚至是徒孫的店，每家都獲得不分男女老少的穩定支持，例如「支那蕎麥 加津屋（支那ソバ かづ屋）」「八雲」「麵屋 林丸（麵屋 はやしまる）」等。此系列的店家最有名的是烤得噴香的叉燒，以及包肉餡及蝦餡的兩種雲吞，每家店都會有很多客人點雲吞麵，實際上也非常美味，讓人喝不膩的湯實至名歸。創業者石原在西荻窪經營「支那蕎麥 石原」，直到今天都會親自站在廚房裡。

浩二集團

【こうじぐるーぷ】由曾在東池袋大勝軒學藝的田代浩二創立，以茨城縣龍崎的「佐貫大勝軒」為據點，在茨城、千葉等地都有許多相關店家。包括「麵處 本田」等，眾多徒弟的店都生意興隆。其中獨立開店的「中華蕎麥 富田」催生了日本屈指可數的名店「麵屋 一燈」，從一燈又誕生了「煮干蘸麵 宮元」。我曾經直接跟田代聊過，正如他說的「培育優秀的徒弟很簡單，能培育出優秀的『教育者』才算一流」般，他的培育成果真是桃李滿天下。

橋悟系

【はしごけい】除了銀座本店，還擁有入船店等眾多分店的擔擔麵

名店，從它旗下獨立出來的店也很多，像是「瀨佐味亭」「胡麻屋」「支那麵屋 Yokarou（支那麵屋 よかろう）」「排骨擔擔麵 五之井」等等，在東京成功中華料理店劃出區隔，是擔擔麵界的一大勢力。旗下許多店家都會提供「排骨」（炸過的肋排肉）。在「支那麵 橋悟」，如果點麵類，就會免費附上白飯和醃黃蘿蔔。

純菫系【じゅんすみけい】

由曾是全職主婦的札幌人村中明子創業的「純連」，她的兩個兒子後來分家成「純連」和「菫」，純菫系指的就是這兩家店，以及徒弟學藝後獨立出去的一系店家，是濃厚又香辣、帶有強烈印象的味噌拉麵。湯面蓋滿了豬油，燙到幾乎能燙傷舌頭，並搭配咬勁強到不比湯頭遜色的麵條是最大特徵。也有許多店會在拉麵上頭放薑。代表性店家包括「麵屋 彩未」「拉麵 千壽」「拉麵 大雅」「大島」「三寅」等。影響力甚至擴及北海道外，是味噌拉麵界的高人氣勢力。

其他分類

包括無法納入本書開頭〔20種基本分類〕的拉麵，以及可稱為拉麵兄弟的那些麵料理。我也會概述其味道和素材的特徵，讓讀者掌握基本的感覺。

町中華

【まちちゅうか】在一個町內會出現好幾間的庶民中華料理。除了基本的拉麵以外，還會有湯麵、味噌拉麵、五目麵、雲吞麵等，菜色多樣。另外還可能網羅了炒飯、點心類、熱炒和炸物的定食類，甚至是咖哩飯、丼飯、洋食，是可以喝杯小酒的在地食堂。從高度經濟成長時代一路支撐拉麵文化而來的町中華，卻隨著店主的高齡化以及後繼無人，而危及存續。老式風格的風味、樸舊的店鋪，以及老闆的存在，都讓許多粉絲來此追尋拉麵原初面貌的魅力和鄉愁。有些老闆曾在一流中式餐廳學藝，能掌握豐富的菜單品項，而漫長歲月中磨練出的職人技法，也建立了不受流行左右的好味道。

雲吞

【わんたん】正如漢字「雲吞」，是一種享受爽滑輕盈外皮口感的料理，以前的雲吞只會包一丁點餡，但現在的主流是份量有如水餃的「滿餡系」雲吞（確立這種爆餡雲吞流派的，是東京・四谷「幸屋」的雲吞麵）。「吞吞亭系」會提供肉餡和蝦餡兩種口味的雲吞麵，頗具人氣。只有雲吞的雲吞湯則逐漸消失。順帶一提，香港的雲吞是以蝦餡為主流，還會用蝦頭和蝦殼熬湯。

叉燒麵

【ちゃーしゅーめん】別問它算不算是一種分類。主打叉燒麵的拉麵店意外地多，舉凡遵循古法的邊緣帶紅的叉燒、用烤爐或炭火炙烤的豬肉、入口即化的五花肉叉燒、像英式烤牛肉般口感紮實的類型，以及被稱為「豚」的二郎系肉塊，每一種都充滿魅力。有些叉燒麵的叉燒厚度有如牛排，甚至尺寸會超出碗緣，份量蓋滿整個麵碗。有些店提供叉燒給客人時，可能會用鐵板煎過，或是用炭爐、噴槍炙烤。有的叉燒會用雞肉或牛肉製作，有的是用醬汁滷碎肉丁。順帶一提，我有一位女性朋友只吃叉燒麵，有時甚至還會再另外單點叉燒。

牛骨

【ぎゅうこつ】牛骨雖然能熬出甘甜又濃厚的高湯，但比起豚骨粗且硬，調理上更困難，而且也可能熬得牛味太重，所以提供牛骨湯頭的店家為數不多。過去牛骨拉麵曾出現專賣店或連鎖店，連「頑固系」都曾用過牛骨，但也跟牛丼一樣，因為狂牛症問題而無法再使用進口牛骨。在中國地區的鳥取、下松，牛骨拉麵文化本來就深植在地，現在在首都地區也不斷出現高人氣的專賣店和新店。此外，有些店雖然不會使用牛骨來熬湯，卻會利用牛尾賦予湯頭濃醇感，甚至用牛脂當成隱藏提味。

咖哩

【かれー】利用與拉麵齊名的國民美食咖哩製作的拉麵。過去曾被視為拉麵的第5大味型，又可分為把咖哩熬成湯底的店家，以及在簡素的拉麵上澆咖哩醬的兩種類型。除了在地特色拉麵和專賣店外，町中華也會把咖哩拉麵當成像咖哩飯一樣的經典常備菜單。或許是因為咖哩的油脂會跟拉麵的動物系湯頭打架，所以比起咖哩烏龍麵、咖哩蕎麥麵，現在的普及度並不高。不過辛香料加拉麵的組合，卻已經催生出新的味型，未來潛藏著無限可能性。

VEGE-POTA【ベジぽた】蔬菜濃湯

（Vegetable Potage）的簡稱。將豚骨與大量蔬菜同熬，直到蔬菜化掉出現濃稠感的濃湯狀湯底，因為能更好地巴在麵上，所以非常適合蘸麵。此一分類目前已經衰退，但在魚介豚骨圈，會把蔬菜（馬鈴薯等）當作輔料投入湯鍋中，既提高了濃郁感又不會過於油膩，藉以打造出容易入口的味道。

Vegan【ゔぃーがん】

指在素食者中，連乳製品都完全不碰的完全蔬食主義者及其料理。這是完全不使用動物性食材（肉、骨、蛋）等，從麵、湯底到配料的材料全部都來自植物。雖然在日本提到Vegan，盡是些關於美容、健康的話題，但在海外，幾乎所有Vegan都是基於宗教信仰和改善自然環境的思想而成。因此，也會有非常油膩的Vegan料理，以及大胃王、肥胖體型的Vegan人士。

中華料理系【ちゅうかりょうりけい】

雖然此一範圍大到無法悉數詳述，但指的就是正統派中國料理中的麵料理，例如牛肉麵、炸醬麵、鹹菜麵等等。比起日本拉麵講究如定食般「麵、湯、配菜」的均衡比例，中式麵料理則是成就了渾然一體的味覺。也因為高湯會用在各種菜肴上，所以個性較為低調。中華料理系的麵比起日本，八角香氣顯著，有許多都會加入切得細碎的佐料，或是淋上芡汁。順帶一提，在中國，只要菜名有「龍」字，往往都是用蛇肉做的料理，請自己小心。

強棒麵

【ちゃんぽん】如果拉麵以前被稱為支那蕎麥麵，那被稱為支那烏龍麵的就是強棒麵了。無須我贅言，大家都知道這種麵來自長崎，是一種加了豬肉、蔬菜、海鮮（魚板等）的白湯麵料理。具有獨特咬勁的粗麵，在長崎當地的定義上，必須使用一種稱為「唐灰汁」的鹼水來製麵。至於強棒麵的語源則說法眾多，在九州各地以及滋賀都有各自獨特的強棒麵文化。順帶一提，如果在首都地區問來自長崎的人哪家強棒麵最好吃，9成以上的人都會回答「Ringer Hut」。

沖繩麵

【おきなわそば】據說沖繩麵源自中國華南地區。傳統的做法在製麵時不會用鹼水，而是用燃燒木頭後的灰燼製作的「木灰水」（現在主要都用鹼水了）。先把麵燙熟後拌油放涼的「預煮麵」是主流。湯底基本上是用豬骨和柴魚熬成的清澈湯頭，麵上會放滷過的豬五花肉、豬小排肉。經典的搭配菜色是沖繩式炊飯「雜炊飯（ジューシー）」，跟把島辣椒泡在泡盛酒中而成的調味料「泡盛辣椒（コーレーグス）」也很速配。順帶一提，沖繩人都是白天睡到很晚的夜貓子，所以很多沖繩麵店都營業到深夜，作為夜生活的收尾，對胃也很友善。

速食麵

【そくせきめん】速食麵只要加熱水或用小鍋子煮一下就能吃，是讓日本在全世界引以為傲的保存食品。「杯麵」的口味從經典款到在地特色拉麵、名店監修等，變化相當多樣，附屬的液體油包和配料包也持續大幅進化。另一方面，「袋裝泡麵」則是以讓消費者自由加上配菜或變化為前提，已經屬於家庭料理的範疇，現在在袋裝麵界也盛行新的創意食譜，不斷深化發展。無論杯麵或袋裝麵，都有支持特定品牌和口味的死忠粉絲。順帶一提，「出前一丁」在海外擁有爆發性的人氣。

知識

「老舖」不是指老店，而是歷經傳承的店家。「門檻高」其實代表著心理負擔感和尷尬

近年來，像是「破天荒①」「役不足②」這樣，意義已經與本義不同的誤用詞彙越來越多，不只在網路上，連電視、書籍也經常誤用。雖然日常生活中的這些積非成是讓人不太在意，但在拉麵的世界裡，卻讓人不得不注意。

最顯眼的誤用例子是「門檻很高（敷居が高い）」。這個詞不僅限於拉麵界，一般會用來指那些看起來很高級、每天限量提供很少碗、營業時間很短，或是只在平日營業等等，表示「很難去的店」的意思。但這個「門檻高」本來的意思卻不是這樣，原來指的是「因為心有歉疚或不安，所以邁不開腳步」的意義，像是因為欠債或是說了謊的時候。如果要表達困難的意思，使用「高牆（高い壁）」或「跨欄很高（ハードルが高い）」比較合適。

另外關於「老舖」的用法，也有別於本來的意思。現在老舖通常有「開了很久的店」的語感，但這個詞的語源是「傳承（仕似せる）」，也就是指那些傳下第一代創始生意，並代代相傳的店。所以不管歷史多悠久，只做了一代的店不會被稱為老舖。

另外，還有在初訪店家時獲得人家的免費招待後，把「厚意」寫成「好意」。如果日文寫錯成這樣，就像在說「因為這個老闆很喜歡我……」，真的是有點丟臉呢。

在料理用語中，「油」和「脂」的意義也不一樣。常溫呈現液態的是「油」，呈現固態~半固態、加熱會融化的是「脂」。然後「卵」是調理前的狀態，「玉子」是調理後的狀態。

另外還有近年經常成為話題的「擔擔麵（担担麵）」，一般認為這個名字的由來是以前會把餐具、食材裝進竹簍裡用扁擔挑著到處賣，所以如果是寫成平坦的「坦」的「坦坦麵」，就是錯誤寫法了。但也有人認為「加湯的擔擔麵是在日本誕生的，所以可以用自己獨有的寫法」，「坦坦麵」每年都在增加，很有可能就此變成慣用寫法。

就像日文中的「拘泥講究（こだわり）」從「固執對待事物」的負面意義變成稱讚詞，語言會隨著時代變化。但如果是這樣，「門檻高」裡的「心有愧疚而不敢動身」的意思到底去了哪呢？我希望大家在用詞的時候，可以更把詞彙表達的這些心理活動放在心上。

知識

①在日文中原指「打開前所未有境界」的意思，後來轉為形容那些行為豪快大膽，甚至不經頭腦思考的人。

②原意是演員因為戲分不足而不滿，表示某人被大材小用，現在則被誤用為「因為自己的實力被過度評價而謙虛，甚至感到任重道遠」的意思（其實應作「力不足」）。

喜歡在菜單上炫知識的店家變多，是受到「麵屋武藏」使用秋刀魚煮干的影響，而形成了強調素材的趨勢

1990年代，拉麵界掀起了無化調熱潮，吉祥寺的「一二三」（1989年創業）是其先驅。

在這樣的世道中，使用秋刀魚煮干熬湯的「麵屋武藏」出現了。當時的店主山田雄，心裡想開的是一家能用秋刀魚煮干作菜的料理店。雖然他不斷被各地的水產公司拒絕，但最後得到了石卷某公司的承諾，並且願意為他們特別製作秋刀魚煮干。這時山田靈機一動想到的，就是拉麵。（現在在新宿店使用的是燻製秋刀魚乾）。麵屋武藏一開幕就擁有每天都要排上1～2小時的高人氣……

這個事實背後的意義，並不單純只是他做出了美味的拉麵而已。在這之前，說到對拉麵的評價，只不過在「那家店好像很好吃」的程度而已，但麵屋武藏利用了「秋刀魚煮干」這個未知的關鍵字，讓客人開始想像「究竟是什麼味道？」，帶出「好奇心」的新需求，賦予拉麵娛樂般的樂趣。換句話說就是改變了去拉麵店的動機。這是非常劃時代的創舉，光看情侶客大幅成長就知道了。

隨著「麵屋武藏」的大成功，許多店家為了追上，紛紛投入各式各樣的新食材，這個時代真是令人眼花撩亂，每個月都有更珍貴、更出人意料、更高價的東西

出現。而無化調、嚴選素材增加所帶來的結果，就是拉麵的成本大幅上漲。當然這些都不得不反映在價格上，但客人本來就不會知道材料的成本是多少，所以就需要明示漲價的理由了。「我們家竟然用了這麼稀有的素材，所以才這麼貴喔！」於是一時間，拉麵店裡充滿了各種長到連拉麵上桌了都讀不完的長篇典故。

經過了25年左右的現在，會一條一條把使用食材寫出來的店已經大幅減少了。就算使用高價材料的店家，也不會特別強調這件事。因為現在的消費者已經可以理解「成本和人工是要錢的」，特別是年輕世代不會有「拉麵就是庶民的食物」「要便宜又好吃」等先入為主的觀念。這數十年來，已經養成了「就算是拉麵，如果好吃，貴一點也是理所當然」的價值觀，客人不會再把所有拉麵放在同樣的標準上概括而論。這一切都要歸功於那些一邊與成本高牆、食材漲價奮戰，並提供良好用餐環、持續提升待客品質的店家，可說是拜眾多拉麵店的經營努力所賜。

要吃蘸麵的人請記得把麵加熱的「熱盛」，還有吃完麵後可以點的「加湯」

無論蕎麥麵或烏龍麵，喜歡吃麵條的人大多會選擇竹屜蕎麥麵、竹籠冷麵、竹篩烏龍麵等，用麵條蘸汁吃的形式。有的烏龍麵甚至是淋高湯醬油拌一拌就可以吃了。把麵浸在溫熱的湯裡，會改變麵的狀態，如果要享受吸入麵條的食感以及麵條的咬勁，果然還是要麵湯分開，才比較能讓人集中。

蘸麵也一樣。麵條過冷水後提升勁道，更能品嘗到鮮明的風味和口感，而且也可以自己決定要蘸多少湯汁，比起拉麵，吃法的自由度更高，麵條不容易泡到糊掉，麵量也會比拉麵多。

很多人都因為蘸麵的湯汁很快就會變得溫溫的所以不太喜歡，但蕎麥麵和烏龍麵也都有蘸熱湯的吃法，要是照這樣講，這些吃法也都不行了。正是因為蘸汁溫度不高，大口大口地吸麵不會燙傷，也可以把嘴巴塞得滿滿的。不過，畢竟蘸麵的蘸汁裡面含有油脂，我可以理解有些人不喜歡油脂變涼凝固的口感，適合這種人的吃法正是把麵用冷水冰鎮後再度放進熱水重新加熱（有些店不提供這種服務）的「熱盛」。我在寒冷的季節常常會點這種吃法，但復熱的麵條表面多少還是會溶化，口感一定會改變。有些比較特別的店家，會在客人吃到一半的時候，提供用來放進湯裡的燒熱石頭，或是乾脆讓客人用桌上的電磁爐復熱。如果店家沒寫在菜單上，點餐的時候可以問看看「能不能幫我做熱盛呢？」

「加湯」指的則是在吃剩的蘸汁裡加高湯，讓它容易入口的服務。如果蘸汁本來就很好喝，不加湯直接喝完也無妨，但蘸麵的蘸汁通常都加了很多醬，調味很濃，勾兌高湯後才能品嘗到湯頭本來的味道和風味。如果跟店家說「請幫我加湯」，幾乎所有店都會幫忙。

加湯的湯基本上都會跟蘸汁用一樣的原湯，但有些濃厚湯底的店家，會用清爽的魚介高湯來加湯。跟店員點完後，就會給你一個小茶壺，或是直接把保溫瓶放在定點。有的店甚至會特地幫忙用微波爐加熱，或是多追加一點辛香佐料。以前其實沒有「加湯」這種說法，客人只要把麵碗端去廚房，老闆就會用勺子幫忙加湯。無論哪種加湯服務，店家提供的都是珍貴的湯底，所以希望不要點了以後還故意不喝完。

「雷紋」可驅邪、「雙喜」是喜事、「龍」「鳳」是幸運和權威……麵碗圖紋蘊含的意義

最近越來越多拉麵專賣店的麵碗會加入和風或LOGO等店家的原創要素，但在町中華仍可看到麵碗上頭畫著自古以來從中國傳入的花紋或圖案。本篇就要介紹一下幾種代表性的圖案（參見P35有圖片）。

首先是「雷紋」，這是由兩個四方形的螺旋圖案組成，並不斷重複的花紋。中華料理等於雷紋，這種印象從小就烙印在日本人的心裡。這個螺旋代表的是雷電，從古中國開始就在使用。雷電象徵的是自然界的威脅，人類借用其力量，用以象徵驅邪的意義。順帶一提，魚板裡的螺旋圖案跟雷紋並沒有關係。

「雙喜」代表的則是值得慶祝的喜事。兩個「喜」字並排，是象徵與某人一起祝賀的祥瑞花紋。「龍」會帶來恩惠的雨水，代表五穀豐饒，同時也是天子（王）的象徵。與龍同屬四靈（四瑞）的傳說生物「鳳凰」，也是代表吉兆的瑞鳥。我個人很喜歡畫有這些花紋的經典麵碗，在家最常用「赤卷三龍」「琉璃白龍」「北京」等樣式的碗。

另外也簡單介紹一下麵碗的基本形狀。代表性的有玉丼形、切立（天開）形、高台形、反丼形。這些類型都有別名，依序是利休形牡丹、扇形、梅形、百合形，這

些分類名稱顯然帶有日式的風雅。每種形狀的麵碗各有優點，例如保溫性、容量、易端度等等，也有同時具備多種特徵的麵碗。容易被混淆的是支撐麵碗底部的圓柱形區塊，這裡也稱為「高台」，很容易被跟表示麵碗形狀的「高台」混在一起。

在本書中多次出現的佐野實，對拉麵的追求甚至到了開發專用碗的地步，他與有田燒的窯廠共同開發出考慮易拿度、易食度的麵碗，舉凡形狀或材質帶給拉麵風味的影響，以及口緣（麵碗邊緣）厚度會依醬油湯或鹽味湯而異等等，細緻得令人敬畏。

玉丼／利休形牡丹

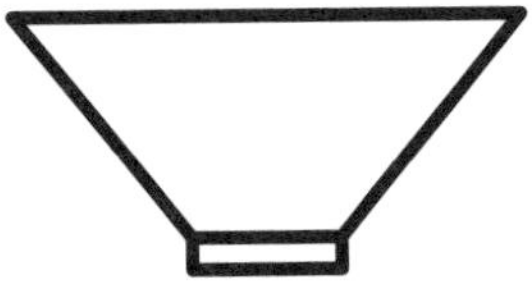

切立（天開）／扇形

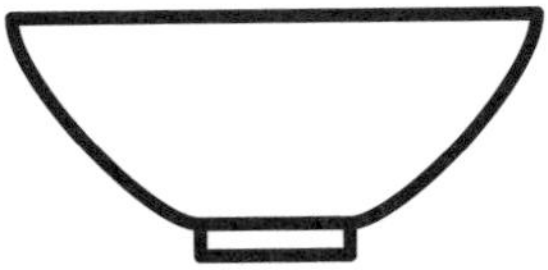

高台／梅形

反丼／百合形

大聲喧嘩、影響通行、亂丟垃圾……不檢點的排隊會造成鄰居困擾，甚至害店家倒閉

關於排隊帶來的問題，的確是店家自己要想辦法解決的，但如果因為客人的沒品言行而責怪店家，實在也太可憐了。有的店不得不因此縮短營業時間，最慘的情況，甚至有可能被迫搬家或倒店。

最大的問題是大聲吵鬧的人們。想像「如果我家就住在店隔壁……」應該就不至於做出這種行為吧。常有新店開幕或週年慶活動這類極長的排隊，甚至入夜會有喝醉鬧事的人等等。我可以同理開心、想喝一杯的情緒，但至少排隊的時候應該要安靜地等。

另外一種常有的情況，是排隊人龍擋住隔壁住家、公寓的出入口或通道。對客人而言是偶爾去的地方，但對住在那裡的人來說卻是每天的惡夢。就算住戶不堪其擾，在家門口特地擺上三角錐，寫上「排隊時請空出玄關空間」的公告，絕大多數排隊的人們也根本不會讀。希望大家排隊時不要只顧著看手機，也應該留意一下周圍的環境。

至於團體客最常犯的，就是不好好排成一排，三三兩兩站在人行道上，甚至踏到車道上的隨便排隊法，有些人甚至會被按喇叭……。其他還有隨便亂停機車、

腳踏車妨礙通行的，或是未經許可把車停在附近便利商店的門口，加上亂丟飲料罐、寶特瓶、煙蒂的。對這些人的抱怨和申訴，完全不會回報到當事人身上，而是由拉麵店主概括承受。

還有那些因為插隊、佔位引起的客人糾紛。店家甚至會貼出「請不要派人佔位子再插隊」這種公告紙條，簡直就像是在排幼稚園溜滑梯的水準，但實際上這種人卻超級多。像是排了1小時後全家人突然出現的解壓縮團體、看到部下在排隊就僥倖插隊的上司，或是想說朋友在就沒關係，所以一直離開隊伍的人。派一個代表排隊，其他人在車上等的案例，如果是長輩或腰腿不好的人還情有可原，但就算是這種情形，也應該先向店員或後面排隊的人打聲招呼。

最近的排隊名店，會善用預約系統或數位號碼牌，讓客人不用在店門口大排長龍，所以相關問題也漸漸減少了。不過如果去到鄉下，就會驚於竟然會有店家完全沒有排隊的概念。雖然人們只是聚在店門口，進店的順序也很隨便，但要是偶然遇到熟人要加入隊伍，也會為了不引起爭執而自動互相禮讓。看在沒有明文規定就無法運轉的都會人眼裡，真的是相當感動。

麵從「碗的哪裡拔起」會改變味道。與所有料理一樣，「每碗拉麵」都有讓它更美味的吃法

「吃的人是最後一位料理人」這是我的信條。應該沒有人想因為自己的吃法不對，而讓難能可貴的優質素材，以及料理人的手藝化為泡影。我希望大家都能從頭到尾好好品嘗拉麵。

在拉麵店裡吃麵，我常被不認識的店主說「客人，你很懂怎麼吃拉麵耶」，或是「看你吃我煮的拉麵真的有很好吃的感覺」（當然都是在店裡沒其他客人的時候）。雖然自己說有點害羞，但我從年輕的時候就常遇上這種事。於是我就開始想，「是看到什麼會讓他們有這種感覺？」「什麼叫做吃得看起來很好吃？」

無論什麼料理，都有能讓它更美味的吃法。這一點都不難。任何人都不會把剛炸好的天婦羅放到軟掉才吃，或是把醬油蘸得滲滿壽司醋飯，也不會花1小時才吃完1份冰淇淋吧（我連超商賣的御飯糰，都想要盡可能用更美味的方式品嘗）。不過碰到拉麵，大家的想法就很容易變成「要怎麼吃是我的自由！」。我懂，這都是因為大家對拉麵愛得太深了。無論是誰，都不會希望別人對我疼愛孩子的方式指手畫腳嘛。

不過，至少要減少給店家或其他客人帶來的麻煩。比起禮儀或明文規範，這更像是想像力和體貼。舉個例子，如果在店裡說出「難吃」這個詞，就算討論的是

其他店，其他人也可能只聽到「難吃」……等等。

就像是在小料理店，看著寫在黑板上的當日菜色時心裡暗暗盤算點餐順序的樂趣，在面對一碗拉麵時我總會想著「這碗拉麵要怎麼吃才會最美味呢？」持續了數十年，這件事幾乎已經內化成我的無意識行為了。

我個人把夾起麵的動作稱為「拔起」。因為吃麵時，不光是垂直拉起而已，一定會帶有「拔拉」的手勢。我會特別把這件事放在心上，是因為「從麵碗的哪裡拔起」會改變味道。如果筍乾的胡椒味很重，從那附近「拔麵」，就會突然吃到滿滿的胡椒香氣。如果拉麵最後淋的香味油、雞油分布不均勻，從哪邊拔麵也會大大影響味道。

我曾跟某位店主一起吃飯，他跟我說「青木，你試著把披薩翻過來吃看看」。我半信半疑地照做，結果乳酪和番茄的味道以及熱度直接接觸了舌頭，味道更加鮮烈。雖說吃東西的方法是自由的，但所有人都可能受限於個人先入為主的觀念或常識。如果能從這些窠臼裡解放，樂趣就會變得無限大。

一碗拉麵之所以無法超過1000日圓，單純是因為待在店裡的時間，以及與肉料理、壽司不同，客人看不到成本

「1000日圓之牆」是拉麵界長久以來的問題，雖然現在有許多店已經成功打破這面高牆，但一碗拉麵無法、或者說不應該超過1000日圓，卻是長久以來深植日本人心中的意識。在物資匱乏的年代，拉麵的高湯材料是少量的雞架子和蔬菜邊角料，但比起以前，現在用的卻是土雞等高級素材，用的量也很巨大，明明是如此，為什麼店家都苦於無法提高定價呢？

現在的時代，可以在超商用非常便宜的價格喝到現磨咖啡，但咖啡店裡賣600日圓的咖啡，卻也沒有任何人會抱怨太貴。因為點一杯咖啡就可以坐上1個小時。人會願意為了時間、外觀、份量而爽快掏錢，對於品質反而沒有那麼講究。基本上拉麵店就是一個不會久坐的地方。

常常會被拿出來比較的是「義大利麵」。我指的是比起拉麵，義大利麵真的是太貴了……。在討論味道之前，首先義大利麵是歷史悠久的義大利料理，有一套可以套用到所有店家乃至全世界的標準，每家店都會準備數十種菜色，選擇的自由度很高，與其相比，拉麵是一種不知道會不會合自己口味的高賭博性料理。而且義

大利麵提供的滿足度，也包含了享受餐後咖啡的時間。中華料理也一樣，在中華料理專賣店，很久以前就已經有超過1000日圓的拉麵，但卻沒有任何人會反對這件事。這也是因為店裡提供了各式各樣的經典中式菜色，可以和朋友、家人一起小酌，在店裡度過快樂的時光。換句話說，因為這些菜都是以共食為前提設計的，所以不會拘泥於單價。另外像是燒肉或壽司，可以露骨地看到魚、肉等素材，在一般人眼裡看起來就會更高級。比起前述的料理，許多拉麵店花重本熬製的湯頭，其價值和成本一眼難以看出，這也是一大不利。

根據這些理由，人們在漫長的歲月裡，被「反正拉麵就是庶民的食物……」這種刻板印象所支配。但拉麵這種料理，特別在96年組以後，已經出現許多令人驚豔的發展，不光是味道，連店內裝潢、服務都已經提升了很多檔次。以前的人曾預測未來的拉麵將會兩極化，但現在卻是「拉麵專賣店」「町中華」「連鎖便宜店」的三極化，甚至將會加入「先端高級店」的第四極。無論是貴的拉麵或便宜的拉麵，希望大家可以依照時間、場所、場合來選擇並好好享受。

在客人難以發現的情況下不斷進化味道的「春木屋理論」。但長年來卻被稱為「始終不變的味道」

在拉麵界有個很有名的「春木屋理論」。這句話源自荻窪名店「春木屋」的初代店主今村五男（已故），並由拉麵評論家先驅武內伸（已故）命名。人們討論春木屋的拉麵時說的「一直以來都沒變的味道」是什麼呢……答案就藏在這裡頭。

春木屋是在昭和24年（1949年）從麵攤起家，並在昭和29年（1954年）開了店面。湯頭和麵條都是自家製作，無論選料或製法都不偷工減料，馬上就成了排隊名店。過了幾年後，煩惱於常客變少的今村，為了轉換心情去吃了最喜歡的蕎麥麵店，卻發現明明是跟以前一樣的味道，吃起來卻沒有那麼美味了。他這才察覺到「一直端出真的沒變的味道是不是錯了呢？」

長久以來，常客對春木屋的評價都是「一直都沒變的味道」。不過隨著戰後，糧食問題好轉，客人的舌頭被養刁了，也已經吃膩了春木屋的味道。如果一直都在作同樣的事，客人就不可能會覺得好吃。於是今村想出了「基底的味道絕對不變，但要在客人不會發現之下逐漸調整味道」，終於獲得了「一直都沒變的美味」的評價。高中時代受到這段故事衝擊的武內，將此命名為「春木屋理論」，並當成人生座右銘。

在最近的拉麵界，盛行一句「為了不變而不斷改變」。這是由「一風堂」創業者河原成美提倡的理論，亦是充滿上進心的可敬態度。但如果是追求大幅改變味道或型態的訴求，乍聽之下會覺得像是春木屋理論，其實是完全不同的思維，應該當成另一派才對。

另外，在「永福町大勝軒」，每年都會以「變味」之名，進行5～6次的風味檢討，有意識地改善材料的品質、種類、份量、調和方法，已經行之有年。已故的創業者草村賢治，曾在帶家人去長野旅行時，因為感動於戶隱蕎麥麵的美味，連三天都去吃了，但他也發現第三天吃的，已經感受不到最初的可口，於是領悟到「感動一定會變得稀薄」的道理，並在自己的店裡實踐對策……。

如果你長年吃某家拉麵店，覺得「真是一直以來都沒變的美味」，這代表的不是店家一直在作同樣的事，而是他們不斷追求確實進化的證據。

多年來在地方廣受愛戴的店家特徵有「清爽的湯頭、獨特的麵、較鹹的叉燒」。這就是日本料理「湯、飯、小菜」三要素的變形

青森的津輕、大阪的高井田，還有博多的長濱，雖是3個截然不同的地區，但我各在當地吃了一家老店後，發現了一件事：明明素材和作法都不一樣，但卻都有著旨味與高湯感偏淡而清爽的湯底、口感獨特的麵條，以及偏鹹的叉燒……這是我觀察到的共通點。

習慣都會味覺的人，或許會因為這些拉麵過於樸素，而覺得味道太淡了，但我卻認為，比起享受「拉麵」這件事，它更能讓人感受到飲食原點的魄力：放在醬油湯裡的小麥粉（碳水化合物）、把肉（蛋白質）當成配菜吃……就是這麼簡單的構成。我查了這3家店的創業史，巧的是都集中在1955年左右，差不多是終戰後的10年。那是「卡路里」被當成壞蛋的很久以前，這些拉麵是在那個時空背景下，想著「想要做更有營養的美味食物」而研發出來的，可說是年代造就的拉麵。客人也非常喜歡，與店主相互扶持下累積了漫長的歷史。後來我走訪各地試吃調查，發現各地越是古老的拉麵，就越擁有同樣的特徵。拉麵已經不是美食探店的興趣對象，而是在地「日常飲食」本身。

都會的，特別是現代東京的拉麵，口味濃厚且旨味強烈。只要吃過一次，就會刻在短期記憶裡，滿足度較高，很少會有那種讓人每天都想吃的類型。常會聽到有人說「完成度」一詞，但《孤獨的美食家》作者久住昌之，卻在部落格裡描述為「吃後給人『完結』印象的拉麵」，也就是很難會有「後續」。東京的人口過密，聚集了來自各地的人們，味道和店家種類繁多，客人得以在此間輪轉。不過在地方城市，劍走偏鋒或過於新穎的東西難以被一般人接受，要普及得花上不少時間。而前述的3家拉麵店都不走濃厚路線，而是清爽又輕盈。不分年代或年齡，任何人都能頻繁地吃它。簡直就像是對食客說「之後就隨你高興，愛怎麼吃怎麼吃吧」，非常平庸的拉麵。

我曾和一些店主或拉麵同好聊過此事，也獲得了很多贊同。雖說如此，也有濃厚拉麵深植人心的地區。或許在這些地方，已經出現了拉麵以外（可以每天吃的）飲食文化……我正在思考這種假說。各位讀者之後不妨也可以多多考察這件事。

味噌拉麵、蘸麵、冷拉麵、味噌咖哩牛奶……名產拉麵的誕生，開端都是客人的要求

全國各地的特色拉麵，有許多都源自員工餐或客人的要求。在拉麵的歷史中屈指可數的劃時代「味噌拉麵」，是在札幌的「味之三平」誕生的。起源是昭和30年（1955年）左右，店主大宮守人（已故）因為客人要求「在豬肉味噌湯裡加麵」而開發……但這說法已遭到現任店主否認了。根據知道當時情況的老店主說法，比大宮老闆還早開始擺攤賣麵的松田勘七（已故，「龍鳳」店主、「札幌市拉麵味之會」初代會長），曾經出力協助開發味噌拉麵。畢竟他是建議大宮老闆開始賣拉麵的人物，他們在那個拉麵勃興的時代，一定也是一路互相幫忙走過來的吧。

蘸麵本來是「丸長」系列店的員工餐。他們把黏在麵篩上的零碎麵條收集起來，用水冰鎮後，把湯放在小茶杯裡面蘸著吃。這的確很像是源自蕎麥職人集團的「丸長」會有的員工餐。因為不燙所以可以吃得很快，也可以站著吃完，最重要的是，這樣一來就不會浪費了難得的自家製麵。昭和29年（1954年）的秋天，當時在中野「大勝軒」工作的山岸一雄，被客人看到了在店內角落吃這種員工餐的樣子，那位客人說想吃，也實際試吃後認為味道很好，於是他就再花了一番功夫改良，像

是添了砂糖和醋才加入隱藏菜單中。昭和30年4月，這種吃法被店主認可，正式加入店內菜單，而這道「特製盛蕎麥」，就是蘸麵的始祖。

此外源自員工餐的拉麵還有好幾種。油麵的靈感來自「珍珍亭」初代店主在學徒時代看到的員工餐，名古屋「味仙」的台灣拉麵也同樣來自員工餐。

冷拉麵則是在山形的「榮屋本店」誕生的。因為客人說「夏天會吃冰涼的蕎麥麵，不知道拉麵能不能也做成冰的？」，在此要求下店主得到靈感，經過1年不斷試作，最後在昭和27年（1952年）完成。

青森的味噌咖哩牛奶拉麵，竟然是在學生的玩鬧下產生的。昭和40年代（1965年～1974年），據說常光顧「味之札幌」的學生們流行在拉麵裡加各種調味料吃，最後存活下來的就是咖哩和牛奶。

對店家耍任性當然不妥，但如果跟店主的關係已經很不錯，不妨也可以請他們聽看看自己的心願吧。

已成為國民美食的拉麵並不屬於日本料理。高湯的作法如果遵照日本料理原則，就無法作出美味的拉麵

這已經是超過十年前的事了，我曾被某位店主的一句話驚醒。那句話就是「那已經不是拉麵，而是料理了吧」。不是拉麵而是料理……也就是說，他認為拉麵原本並不是一種料理。從當時的對話脈絡順下來，所謂的拉麵，也包含了「不是少量烹調的東西」的意義。其後我也常聽許多拉麵店主說「還沒到拉麵的境界」「現在還是料理而已」。果然對店主們而言，「拉麵」和「料理」在某種意義上是不同的東西。

後來在２０１６年，我受某位知名店主之託，負責協助企劃日本料理母公司要新成立的拉麵品牌。店主因為覺得母公司是日式料理店，可以獲得許多新鮮的魚骨，想出當時頗具聲勢的鮮魚系拉麵。不過店才沒開多久，日本料理本店的料理人就來了，並且很強硬地說「高湯的熬法錯了！」堅決要求拉麵店改變作法。原來如此啊！拉麵的熬湯法，對日本料理的理論而言已經超脫了常識吧。不過這家店後來漸漸變得門可羅雀，不到半年就倒店了。

２０１３年底，「和食」登錄進聯合國教科文組織的非物質文化遺產名錄。拉麵雖被稱為日本的國民美食，卻不屬於和食。拉麵的歷史既不悠久，油脂和含鹽

量以及用餐時間等文化面也與和食截然不同。在和食・日本料理不被容許的事，如果換作是拉麵，即便長時間煮昆布、在湯裡加魚粉都沒問題，正是因為拉麵要熬的不是日式高湯，所以這些作法才行得通。當然還是要合乎食安標準，但總之美味就是正義，不這麼做客人根本不會上門。

秋葉原人氣店家「饗 黑㐂」的黑木老闆，以前曾經當過和食店的總料理長，他因為在「拉麵天神下 大喜」（當時店址在湯島，現移至仲御徒町）吃到「雞麵」裡切碎的山茼蒿而大受衝擊。他從未想過在拉麵裡竟然可以加山茼蒿，而且不是作為蔬菜，是當成增添香味的佐料，重點是還非常美味。這讓他發現「拉麵真是太自由了！」也成為他踏入拉麵界的契機。

拉麵就是拉麵，跟其他料理比較毫無意義。那麼，拉麵究竟是什麼呢？我的答案在別篇裡（參見P180）。

對吃麵時一邊滑手機的年輕人，知名店主溫和地宣導「這樣對烹調的人很失禮喔」

這是我學生時代的事。有天聽到某位學長自言自語說：「拉麵這種東西，如果不一邊看漫畫雜誌就吃不下去啊」，驚訝的我，馬上跑到學校附近的拉麵店，試著學他一手拿著漫畫雜誌一邊吃麵。結果既無法好好吃麵，也不能專心看漫畫，後來就再也沒有試過了。最近可以在手機上看漫畫，偶爾也可以看到邊吃拉麵邊滑社群網站或玩手遊的人。

東日本大震災發生後，我和一群拉麵店主為了提供愛心餐點而前往受災地區。取餐的隊伍不斷前進，最前面的是一個高中生，結果一位排在後面的中年女性，看到高中生耳朵裡戴著耳機，竟訓斥他：「快把那種東西拔掉，太失禮了！」在非常時期還能有如此毅然的精神，讓我非常震撼。

位於四谷三丁目的「一条流頑固拉麵總本家」，人稱掌門的老店主一条安雪，他的獨特口才非常有名，接下來的故事就發生在這家店裡。據說某天他看到有個在吃拉麵的年輕人拿出手機開始滑，老掌門滿臉笑容走到他前面，靜靜地說：「這位小哥，你將來有一天也會當人的爸爸，也會站在教孩子『吃飯的時候不可以這樣』的立場，所以現在也不能這樣。」年輕人很慌張地找藉口說：「因為有想看的新聞……」掌門回答：「我理解你的心情，不過吃東西的時候，用另外一隻手做別的事情可不好喔。對作菜的人是很失禮的。」年輕人開始拼命道歉，於是老掌門用更和緩的語調說：

「有些東西可以用單手吃，像是三明治、熱狗、漢堡。這些東西呢，都是為了讓那些沒時間吃飯的人可以一邊做事一邊吃而設計的，所以單手吃也無所謂。」掌門接著舉鐵火丼和鐵火卷的例子，鐵火二字源自鐵火場，也就是賭場，是因為讓人可以一邊賭博一邊吃而誕生的料理，所以可以單手吃。掌門最後說：「如果你有了小孩，有一天你一定會需要教他這些事的。結婚以後再帶老婆小孩來吃麵吧。」於是年輕人帶著靦腆的笑容回去了。既沒有生氣，也沒有貼公告要客人注意，更沒有在網路上貼文公審，掌門這種優質的溝通模式，讓店內充滿了溫和又柔軟的氣氛，這是一般人很難做到的。所謂大人該做的事，不就是像這樣的行動嗎？

最適合拉麵的筷子是分割式免洗筷，或是類似的東西。完全不需要高級或豪華

說到拉麵的筷子，就會想到可以一掰兩斷的那種免洗筷，這點應該不會有人有意見吧。明治時代開始生產的免洗筷，主要可以分為丁六箸、小判箸、元祿箸、利久箸、天削箸等5種形狀，每種筷子的造型都有些許不同，並靠表面肌理抓住麵條。有趣的是，丁六、小判、元祿的叫法都是源自以前的貨幣名稱。

長久以來，使用免洗筷在拉麵界呈現一面倒的勢力，但也有段時期曾為了環保而掀起了自備筷子的風潮，客人自己帶筷子到店裡用餐，店家則會在吃完後幫忙洗淨。現在這種流行已經消退，不過部分店家仍以「店內放筷盒」的形式持續下去。但不管是多高級的筷子，全都是泛用的形狀，未必能適用於所有麵類。

據說在筷子職人的世界裡，認為尖端纖細的筷子才是優秀的筷子。在筷子大國日本，筷子需要能應付夾住飯粒中心、剔出魚肉等纖細的動作，而這就是職人技法的集大成之處。但我個人在吃拉麵時反而喜歡竹筷子，筷尖較粗，截面呈現四角形，很明顯，這種形狀很接近免洗筷。

我第一次負責設計商標的店家「凪」，在開幕數年後也在店裡準備了可重複

使用的筷子。不過實際試用卻發現，表面太光滑了，麵條很容易滑掉。雖然也不是說沒辦法吃，但指間不斷使力，很快就手痠了。而且他們的麵又是粗麵，質感光滑圓潤、纖細的筷間，以及從頭到尾的角度構成的形狀，實在很難Hold住麵條。我當場就建議改用竹筷，而店主也馬上採納了。從凪獨立的徒弟後來去開了「Mutahi-ro」，也傳承了使用竹筷的作法，並將其發揚光大。

前面說的，其實並不代表竹筷就是好，或是說免洗筷用高級的利久箸就好，最重要的是「筷子的形狀究竟適不適合這種拉麵」，才是應該要追求的一點。

發祥於名古屋的連鎖店「壽賀喜屋」，使用原創的拉麵叉當餐具，把叉子和湯匙一體化，既能用來喝湯也能用來吃麵，對環保跟降低成本都很有貢獻，其高度設計性還獲得ＭｏＭＡ（紐約現代美術館）青睞，並收為館藏。

最後想提一下使用免洗筷的禮節。掰開免洗筷時，不應該豎著筷子，而是先把它擺橫，再拉起一邊的筷子將其掰開。或許在某些場合可能會被人笑「真假掰」吧，畢竟這世上一定還是會有某些情境，反而適合用嘴巴咬住免洗筷一側，再用單手掰開筷子這種無禮的作法。

拉麵的物料成本即便是售價的30%，算上房租、電費瓦斯費、人事成本、廣告費等經費後，淨利有可能只剩下1成

拉麵的成本（食材費用）基本上佔售價的30%左右，最高也應該控制在35%以下，這是一般常識。也就是說，一碗800日圓的拉麵，食材成本大概是240～280日圓。聽到這句話，有些雞蛋裡挑骨頭的人可能會說：「這樣不就賺了7成暴利嗎！」但這樣就是太早下定論了。

首先，這70%要先拿來付店租。有些歷史悠久的町中華，房子可能是自己的，但如果是繁華商圈或觀光地區，依照店面地點不同，每月租金有可能超過百萬日圓，還要付電費、瓦斯費。有些店的強火快速爐是24小時不關火的，水費也完全不是一般家庭能相比的等級。

其他還有餐券販賣機的租金，免洗筷、牙籤、紙巾等消耗品，而熬完湯的大量骨頭等等廚餘垃圾，也需要花錢請人處理。有時還要維修空調跟冰箱，甚至是請業者驅蟲消毒。正式店員跟工讀生的薪水，當然也是要從賣拉麵的錢裡付，如果有依法提供保險福利的店，也要負擔一筆費用，而且就算每個月花數十萬日圓登兼職徵才廣告，可能也根本沒人來應徵。開幕後的一段時間，也需要償還那些初期投資的貸

款。把這些細項全部減一減，淨利有可能剩不到1成，不如說在這種成本條件下還可以做出美味的拉麵，老闆的技術才值得驚嘆。

而在光譜的另一端，如果選擇跟業者採購營業用的現成湯頭，只要在店裡加熱就搞定了，完全不用付從頭開始熬湯的瓦斯費，也不會有大量垃圾處理費，這樣一來，成本被壓低了，利潤也就跟著變高。從這個例子可以看出，同樣一碗800日圓的拉麵，背後花費的成本、人工、時間，竟能有如此大的差異。但我絕對不是說這種做法就是壞的，如果能讓客人滿足，它也是一種很棒的經營策略。這些店可以增加菜單品項，或打造能讓家族客都坐得很舒服的寬敞店面，並多聘一些員工等等，把省下來的成本用來充實拉麵以外的服務。

如前所述，光看拉麵的價格是不會知道有多少利潤的。一碗拉麵賣超過1000日圓就穩賺？經營店舖可沒這麼簡單。就算是銅板價（500日圓）的拉麵，當中也有食材成本超過40％，靠著勉強回本的薄利多銷戰略來撐下去的店。明明肉、小麥、蔬菜等原料都在漲，卻有很多拉麵店主堅持就是不漲售價，如果再拿價格逼他們，就是本末倒置了。我們站在消費者的立場，應該要理解他們，並爽快地付錢才對。

中華料理的叉燒是炙烤而成的，但拉麵的叉燒幾乎都是滷肉

以前我曾聽某位店主強力主張說：「我家賣的是燒豚，不是叉燒。」拉麵界的「叉燒」一詞已經隨著誤解和慣用而積非成是，跟原來的叉燒有著許多差異。應該有很多讀者都知道，幾乎所有拉麵店的叉燒，都是指滷過的豬肉。

日文的「チャーシュー」本來指的是中文的「叉燒」，這是用紅糟（在糯米裡混紅麴，並發酵而成）醃豬後腿肉，再塗上蜂蜜或紅色食用色素後，送進專用烤窯裡燒成的。「燒豚」則是用鹽和胡椒等辛香料揉醃豬肉再烤成的（除了五花肉，前述的店主的店中會使用後腿肉）。無論叉燒或燒豚，都是用燒烤方式烹調的肉品。

拉麵的主流「煮豚」，則如同字面般是用滷煮方式製成的。為了讓柔軟的部位不要滷到形狀爛掉，會用綿線綁緊肉塊。一開始先炙烤表皮以防止肉汁流光，然後放進鍋中用醬油醬汁浸漬，再加入香味蔬菜等佐料開火慢滷。有的作法是先把豬肉放在有湯底的鍋子裡一起煮，讓豬肉的鮮味流進湯裡，再把肉撈起來用醬油醬汁滷或浸泡，步驟因店而異。

叉燒、燒豚、煮豚，要用哪個稱呼都沒有問題，煮豚也是為了適應拉麵而發生的進化。只是現在這些作法都被統稱為「叉燒」，讓人很難看出差異。像現在流

行的「雞叉燒」，大家可以理解這個詞看起來有多奇怪了嗎？

叉燒會使用的豬肉大致上可分為3個部位；「腿肉」帶有咬勁和彈性，鮮味豐富，還可分為內腿肉和外腿肉，外腿肉口感較硬。「梅花肉」吃起來比較嫩，帶有適度的油花。「五花肉（三層肉）」則有一層一層的油脂，入口即化。也有人會把捲成長筒狀的五花肉叉燒稱為「捲叉燒（巻きバラ）」。另外還有肉纖維感較強、脂肪含量少的「肩肉」等等。無論哪種肉做成的叉燒，只要切開來就會從剖面開始氧化，所以一定是現切的最好吃。

叉燒會進化，也有流行趨勢。以前曾經有過捲叉燒的全盛時代，也發展出上桌前用噴槍炙燒叉燒製造香味的巧思。有些拉麵為了「脱叉燒」，甚至會嘗試白肉魚炸物等配料。近年來流行低溫烹調的叉燒，但有些店的製程和安全性帶有疑慮。現在最受注目的，則是充滿燻香味的吊爐腿肉叉燒（燒豚）。

拉麵的外觀會改變味道的印象。從每碗拉麵的樣子解讀店主的想法，吃法也會隨之改變

視覺面和接著將會提到的麵碗問題（參見P152）必須一起考慮。誘發食慾的色彩、讓人容易食用的擺盤，是飲食的第一章。現在的餐飲也無法忽視「是否適合貼IG」，食物的外觀就是會影響我們對味道的印象。

打個比方，就算是湯底和麵條完全相同的拉麵，只是換了上頭的配菜會怎樣呢？「腿肉叉燒、菠菜、蔥花、筍乾、螺旋魚板」以及「雞肉與舒肥豬肉的兩種叉燒、水菜、白髮蔥絲、筍尖、辣椒絲」，兩者給人的印象截然不同，絕大部分的人不會發現味道一樣，只會囫圇吞棗地認為前者是傳統式拉麵，後者則是現代的新潮拉麵，有時連我都完全沒有自信能判別。

這些誤解的另一面，也代表食客可以從拉麵的外表解讀店主的想法。如果蔥和薑被集中在麵碗的中心，就可以想像「老闆希望我們先品嘗沒有混進其他東西的湯頭原味」。如果是桃紅色的低溫烹調叉燒，為了維持其口感狀態，也會擺得更靠近碗邊。有些拍拉麵照片的人很討厭一開始就把調羹放在碗裡的作法，但或許這是店主「希望客人能用到熱熱的調羹」的小貼心。

近年來，會擺出漂亮「麵線（麵條的排列與流向）」的店家越來越多。在清澈湯頭

考察

中排列整齊的麵條，外觀看起來的確很美又好拍，但依照麵條種類不同，有些麵可能因此更難夾起，有些店的細麵還會黏在一起，變成很可惜的口感……。這時不要慌，就趕快把麵條攪散吧。

我個人很感興趣的，是高田馬場「渡邊」會在白蔥上面放青蔥的作法。雖然很樸實，卻超級劃時代，後來也引來很多名店爭相模仿。豚骨拉麵跟青蔥的綠色很搭，但配上茶色系的湯頭，明度略嫌沈重。在兩者之間墊一層白蔥，就能把青蔥襯托得更高級。我以前在當某店的顧問時，也曾經建議他們把海苔和菠菜的位置擺開一點。因為菠菜的綠會被海苔的黑拉走，看起來就更黯淡。

螺旋魚板帶有懷舊感的符號意義，現在已經是拉麵的象徵，但它最早其實是從蕎麥湯麵借來的配料，在老文獻裡還可以看到「真是邪魔歪道」「跟醬油色的湯底一點都不搭」等描述。所以就算現在的拉麵上頭放了什麼稀奇古怪的東西，未來也很有可能成為經典。

東京的在地拉麵如果沒有衝擊感就無法生存，與外縣市比較毫無意義

「正宗」這句話真的很有魔力，給人一種好像除了它以外都是假貨的印象。以前我曾在首都地區的旅遊書裡看過「濃度不輸正宗的豚骨」這種句子，於是就開始想像「九州的到底是有多濃啊……」。結果我到了當地到處試吃才發現，九州的豚骨湯頭比起東京，濃度壓倒性地低，覺得也太失望了。如果要用不會引起誤解的說法，應該是「不會太濃，很美味」。

像「濃度」「濃厚」這類詞語，也很容易迷惑人。「濃稠與清爽」（稠度和脂肪的含量）、「旨味的強弱」（旨味、高湯感的強度）、「調味濃或淡」（味道的濃度），完全不是一件事，但卻讓人馬上把它們混為一談。九州的豚骨（除了久留米等地區），整體而言都很清爽，而且帶有旨味，佐賀拉麵可稱為當中的極致。

在當地大受歡迎的店家，如果直接把這「正宗」的味道帶到別的地區，究竟管不管用也是一大問題。曾有過東京的排隊名店意氣洋洋地去地方開分店，結果沒人能接受而撤退的例子，另外還有很多因為地區性，也就是客層的差異而苦戰的案例。都會，特別是東京，每天都有新店開張，競爭非常激烈，所以出現更重視衝擊感的趨勢。特別在某一特定類型中，就很容易演變成在濃度或份量等單一縱軸上競

爭，甚至到了過剩的地步。不過地方城市的橫軸是很寬的。九州的豚骨，無論濃度或風味偏好都無法一概而論，無論縱軸或橫軸都各有魅力。

前面提到的「大勝軒」也發生過這樣的故事。以前山岸一雄剛從中野獨立出來，到東池袋開店時，靠著保持味道不變而博得人氣，但把山岸當大哥崇拜的坂口正安，到代代木上原開店的時候，卻被當地的客人嫌口味太重，不得不調整味道。就連東京都內，都會因為換了位置，客層跟偏好就跟著改變。山岸說，配合客人的偏好而改變自己的喜好，還真是一件非同小可的事。

如果看到「正宗」就想找反例，就會像是主張「擔擔麵明明是四川料理，但是跟正宗四川的味道根本不一樣嘛！」這樣，一點意義都沒有。這就像是在否定義大利沒有的拿坡里義大利麵、鱈魚卵義大利麵這類日本原創的口味。重要的不是誰對誰錯，而是認識兩者之間的差異。如果擁有能肯定雙方味道的雅量，在理解兩邊之後品嘗出「原來這道菜就是因為作成這樣所以好吃」，你對味覺的豐富度就高多了。

拉麵狂的拉麵用語集

關於拉麵的特殊用語集，還有很多用語無法在本篇內說完，而且每天都會不停產生新的拉麵狂用語，有興趣的人不妨自己搜尋。

拉麵狂人篇

著丼

【ちゃくどん】剛作好的拉麵抵達座位的意思。通常用於表示坐到位子上以後的等候時間，不知為何不像「著席」「著陸」那樣稱為「著桌」，所以無法用在飲料和煎餃上。〔例句〕「進店才〇分鐘就著丼了，真快呢」

抬麵

【めんリフト】也就是把麵拉起來。指用筷子夾起麵拍照的動作，也可藉此掌握麵的特徵。〔例句〕「重複抬麵太多次的話麵會糊掉喔」

Double完

【ダブかん】吃完1碗麵叫完食，在店內完食2碗就叫「Double完」。〔例句〕「我又想吃醬油又想吃鹽味，所以就Double完了～」

汁完

【しるかん】連湯汁都喝完的簡稱，形容把拉麵湯也喝光光的行為。有許多

同義詞，像是完飲、完汁。〔例句〕「因為是爆辣拉麵，如果不汁完就不算完食喔！」

天地返

【てんちがえし】吃二郎系拉麵時，把麵從底下拉出來，跟上面的蔬菜交換位置的意思。這是為了讓蔬菜浸到湯汁裡，並防止麵條泡到糊掉。要注意不要在麵一上桌時就作，以免蔬菜掉出來。〔例句〕「不管作不作天地返，都是看個人喜好而定」

游泳

【およぐ】麵條在湯裡保有空間的狀態。麵條擠成一團，或者湯很少的情況就不適用，主要形容中細麵以下的細麵。〔例句〕「麵在盛得滿滿的湯裡游泳」

背後靈

【はいごれい】指那些會讓客人在店內排隊的拉麵店，在吧檯座位吃麵的客人背後站著等待的客人。〔例句〕「背著背後靈吃麵覺得視線很刺人，好像在催我趕快吃完，真的是很受不了……」

又你

【またおま】「怎麼又是你」的省略，用於揶揄那些大流行之下四處蔓延的拉麵類型。〔例句〕「又你這句話，不過是那些搞不清差異的傢伙開的玩笑」

鐵捲門

【シャッター】指在店面的鐵捲門拉起前，也就是開店前就開始排隊的行為。跟店家實際上有沒有拉下鐵門無關。主要當成動詞使用，也可用於「等鐵捲門」這類等待開店的情況。〔例句〕「明天有限定菜色，我從早上就要去鐵捲門一下！」

Pole【ポール】

形容當天搶到頭香，排在隊伍最前面的情況。引用於賽車中表示起點位置最前端的「Pole Position」。也有人會簡稱PP。使用這個詞發言時，通常會伴隨著難以言喻的自滿。〔例句〕「我太早去，一不小心就佔到鐵捲門的Pole了！」

死刑宣告【しけいせんこく】

形容去到店裡才被告知已經賣完的情況，特別是剛排進隊伍時，卻被隊伍尾端的人告知的衝擊更大。依照店家文化不同，有些店甚至會拜託客人負責向後面來的人宣告。〔例句〕「我還以為趕得上，結果接到死刑宣告了……」

Nos【ノス】

因山路力也著書得名的「鄉愁系拉麵（Nostalgic Ramen）」簡稱。指那些代代相傳，數十年來作為在地招牌，以及被眾人喜愛的店家，讓人感受到懷念、鄉愁感的拉麵。又作「Nos系」，去這類店家吃麵的行為則作「Nos活」。〔例句〕「這家可不是Retro（復古調）喔。這家是Nos呢，Nos」

Neo-Cla【ネオクラ】

形容新經典（Neo Classic、Neo Classical）這類拉麵。外觀和基本構造都和古早味拉麵一樣，但藉由重新檢討材料的品質、種類、份量、製法，重新構築成適合現在的拉麵。〔例句〕「東京都內的Neo-Cla變多了呢～」

水泥系【セメントけい】

高濃度的煮干拉麵，湯頭濃稠且濁，且呈現帶點綠色或茶色的深色系，於是用未乾的水泥比喻其質感和顏色。〔例句〕「用水泥系這種詞來形容食物究竟妥不妥呢？」

G系【Gけい】

G是Gattsuri（ガッツリ，形容份量十足）的縮寫。指那些麵量給得很多，湯頭油膩帶有飽腹感的拉麵，通常形容二郎Inspire系的拉麵。〔例句〕「二郎（Jiro）的第一個字母應該是J，但卻屬於G系耶」

Inspire系【インスパイアけい】

Inspire本來的意思是指帶來思想或情感，而在拉麵界，主要指「受到某家特定店家或某種味道影響，而推出外觀、風味類似的拉麵店統稱」。〔例句〕「Inspire系裡面也分成發自尊敬跟單純的抄襲，有很多種情況呢」

96年組【きゅうじゅうろくねんぐみ】

指1996年開幕後，對後來的拉麵界帶來革命性影響的「中華蕎麥 青葉」「麵屋武藏」「拉麵 鯨軒」（參見P42）。此外，雖然常被這3家店的光環遮蓋，但「中華麵 多賀野」與「柳麵 Chabu屋」也是培育出眾多優秀弟子的名店，同樣也都是在96年創業。〔例句〕「有些評論家甚至會把96年組出現前的年代稱為紀元前，它們就是有這麼重要喔！」

自作派【じさくは】

指整碗拉麵從無到有都要堅持手作的人們。自己熬湯或做叉燒一點都不稀奇，有些人連數十人份的麵條都堅持要用製麵機自己作，也有人會進口低溫烹調的專用器具。〔例句〕「那位有名的店主，是從自作派起家的喔～」

Hook

【フック】讓人吃到最後一口都不膩的要素。像是麻油和油蔥等，單吃性格強烈或帶苦味的食材，搭配拉麵後都可以成為味道的關鍵點。〔例句〕「這股香味也成了味道的Hook」

引力

【ヒキ】拉麵的魅力、吸引力，包含因為拉麵的衝擊性、個性而「被吸引了」「迷上了」的兩種意義。會用於形容味道或外觀（照片或影片的生動淋漓感）。〔例句〕「這碗拉麵雖然外表看似隨性，卻有很強的引力」

偏移

【ブレ】指當天湯頭的狀態，主要用於形容湯頭熬得好不好，也可稱為「好偏移、壞偏移」。不過必須要知道店家平常的水準，才能嘗出湯的味道是否偏移基準，所以只有在店裡工作的人或常客能作出正確的判斷。〔例句〕「你有沒有連自己身體狀態的偏移都考慮進去呢？請你捫心自問。」

連食

【れんしょく】形容連續吃拉麵的行為。不過如果是中午吃1碗、晚上吃1碗的程度，不太能被稱為連食，主要是用在一家接一家不斷續攤的情況，例如3連食、4連食。〔例句〕「明明都搭飛機來了，卻還不連食一下，這種行為根本是貴族嘛」

預設值

【デフォルト】拉麵裡沒有追加配菜的狀態，也可指拉麵店裡最單純的品項。也作「預設」。〔例句〕「我秉持著到初次拜訪的店家，一定會確認一下預設值的主義。」

飯割

【めしわり】吃油麵或拌麵時，最後加入白飯，跟碗中剩下的醬汁拌在一起吃的行為。不適用於把飯倒進拉麵湯裡的情況。〔例句〕「或許這樣做會被說也太省了吧，但我覺得醬汁倒掉太可惜了，所以一定要飯割！」

Lot

【ロット】指一批一批放人進店的排隊店家，每批讓客人入店的規定人數。會用在「1Lot6人」這類句子。在店裡所有客人吃完離店前，不會放下一Lot的客人進店。開店後第一批進入店裡的人數稱為「First Lot」，有時也會用來指店家一次能作幾碗拉麵。〔例句〕「再輪兩Lot應該就輪到我們了」

當你沒吃過

【みしょくあつかい】當某人去了某家店卻沒有吃到特定的品項，或是還沒去過某系列中代表性的店，拉麵狂人們用來調侃（有一半是認真的）彼此的詞。〔例句〕「去那家店竟然沒吃鹽味拉麵，我就當你沒吃過了」

功課店

【しゅくだいてん】指那些雖然現在沒辦法馬上去，但總有一天一定要去一次，給自己定下課題的店家。主要指地位如同聖地的老舖、超人氣店家，或是遠方的名店。〔例句〕「我終於來到長年以來心中的功課店了」

初訪【しょほう】

指第一次去某家拉麵店。還沒去過的店稱為「未訪」，已經去過的店則叫「既訪」。〔例句〕「初訪就吃限定菜單，是也可以啦……」

臨休【りんきゅう】

臨時休業的簡稱。拉麵店比較常發生這種情況，出發前最好先在社群平台上確認一下。〔例句〕「碰上臨休，也只能怪我自己沒先查好……」

被甩了【ふられる】

因為臨時休業等原因，碰上目標店家休息的情況。雖然這個用法很一般，但畢竟還是帶有指責另一方的語感，所以最好改成「沒緣分」「時機不好」等說法。〔例句〕「都特地遠征地方城市，卻被店家甩了……」

Jirolian【ジロリアン】

指熱愛「拉麵二郎」的人群，這些人會頻繁地吃二郎系拉麵，並熟知每家店的特徵和規矩，大體而言吃麵速度都很快，點的量也很多。這些人當中也會有那種瞧不起別人的人，但真正的Jirolian對新手也會很友善。〔例句〕「那個人明明超瘦，卻是一位Jirolian呢」

拉麵宅／拉御宅【ラオタ】

拉麵御宅族的簡稱。有不少人雖然會經常自稱拉麵宅，但卻很討厭被別人這麼叫，請務必留意。〔例句〕「我、我只是『拉麵愛好者』，才不是什麼拉麵宅呢！」

素材・店鋪篇

Idle Time

【アイドルタイム】原意是沒在工作的時間，指店家在餐期以外，店內不擁擠的時段，也可指下午休息的空班時段。要注意不要拚成人氣偶像的「idol」，而是閒置的「idle」〔例句〕「這家店太受歡迎，連Idle Time都大排長龍」

漏篩

【テボ】用於甩掉麵條上的煮麵水，可用單手操作的筒狀篩網。煮麵篩、甩麵篩。因為煮麵時可以分成一份一份，操作起來更方便。〔例句〕「連漏篩都用不好，這家店的未來令人擔憂」

平篩

【ひらざる】用於甩掉麵條上的煮麵水，呈現平面狀的篩網。雖然有能用大鍋煮麵，讓麵條好好散開來的優點，但像撈出一人份的麵條，或是上下翻動甩掉煮麵水等動作都會更困難。〔例句〕「給我用濕毛巾練習怎麼用平篩！」

切刃番手

【きりばんて】壓好的麵片通過製麵機的切刃時，可從寬30㎜的麵片中切出的條數，10條以下稱為極粗，幾乎等同烏龍麵，30條則是日式麵線。拉麵通常介於18～28番之間。俗稱「切番」。〔例句〕「喜多方拉麵的切刃番手是14番左右，博多的極細麵則大約是28番」

先縱向把它撕開再吃」

外麥／內麥

【かいばく／ないばく】分別用於簡稱外國產的小麥與日本國產小麥。內麥因為產量和消費量較低，品質良莠不齊，也不容易揉出Q勁，但旨味和香氣都更強。〔例句〕「如果要說到品種的話，外麥是『Prime Hard』，內麥就屬『春戀』了」

麵線

【めんせん】主要指將直麵條的方向排列整齊，碗中麵條走向呈現平行的狀態。近年來有大幅變多的傾象。〔例句〕「可別被麵線的美觀給迷惑了」

角材筍乾

【かくざいメンマ】直而超粗的筍乾，從2000年代前半開始變多。幾條筍乾疊在一起的樣子，確實很像角材。〔例句〕「要是咬不斷角材筍乾，可以先縱向把它撕開再吃」

豚清湯

【ぶたちんたん】指不用猛火滾煮豚骨，而是以小火熬成的清透湯頭。因為會使用白醬油調味，所以醬油味較淡，在保有豚骨拉麵魅力的同時，卻能呈現清爽的口味。又作「豚骨清湯」。〔例句〕「我不覺得豚清湯是豚骨拉麵～」

燒焦

【あたる】指在煮湯的大鍋裡堆了太多食材，液體無法對流而燒焦。內容物比水分多太多，或是濃度太高時比較容易發生。〔例句〕「你看，沒有好好攪拌湯頭，所以燒焦了吧！」

去了【いっちゃう】

指湯頭在長時間放置不管的狀態下持續氧化，並影響香氣和味道。〔例句〕「這鍋湯已經去了。雖然很浪費還是丟掉吧」

Second Brand【セカンドブランド】

例如以魚介系聞名的店家，在新分店主打豚骨拉麵等，用不同類型的口味開分店的情形，也有「Third Brand」「Next Brand」等用法。〔例句〕「真沒想到他們會在Second Brand用蝦子當主角……」

含水量【かすいりつ】

麵條中含水的比率。水量高就會形成口感Q、不容易泡漲的高含水麵，水量低則是容易泡糊、卻容易吸收湯頭的低含水麵。高含水的札幌拉麵，含水量約34～38%、低含水的博多拉麵則約為28%。〔例句〕「請記住大方向是東日本的含水量較高，西日本則較低」

乳化【にゅうか】

水分和油脂在熱的催化下融為一體，形成乳白色的混濁狀態。從食材中熬出來的膠原蛋白會化為膠質，並擔任乳化劑的功能，讓水和油保持結合狀態。乳化程度也因店而異。〔例句〕「你喜歡乳化湯啊？我喜歡非乳化的」

一毛作【にもうさく】

指同一家店，在白天和晚上會用不同店名，提供不同種類的拉麵，或是只在週末賣限定種類的拉麵。另外也可以指在公休日把店面租給其他店主營業的作法。特別適用於那些會因時間和星期改變顧客群的情況。〔例句〕「在白天時段開始鹽味拉麵的二毛作，真是具有衝擊性呢」

瀝油器【グリスト】

將油脂、食材的脂肪、廚餘從廚房污水中分離出來，以防止直接流入下水道的裝置。正式名稱為「Grease Trap」。如果不徹底清潔瀝油器，店裡就會飄散一股獨特的臭氣。〔例句〕「人家可是直接用手洗瀝油器的呢！」

W湯頭【Wスープ】

形容分開熬製像是魚介系和動物系等，2種不同類型的湯頭，並在「麵碗中組合」的行為，並不單純只是因為使用2種素材所以稱為W（Double）。雖然可以讓各自的風味更突出，但比例卻很可能造成品質偏移。把個別熬好的湯在鍋中調和的作法，則稱為「準W湯頭」。〔例句〕「W湯頭真的很費工呢」

湯切【ゆぎり】

用漏篩把麵條上殘留的煮麵水甩掉的動作。湯切做得不徹底，湯頭就會被稀釋，但如果甩過頭，又會損壞麵條的表面。然後，把麵甩得震天價響，並不等同於水分有被好好甩乾。〔例句〕「正在湯切的職人，手臂肌肉真是讓人凍未條呢～」

頂讓店【いぬき】

指那些完整保留裝潢和廚房等設備的待租店面。頂讓物件。雖然沒辦法從頭開始按照理想打造店面，卻能省下不少初期投資成本。相反地，店裡空蕩蕩的狀態稱為「Skeleton（骷髏）」。〔例句〕「小酒吧的頂讓店變成拉麵店，這種案例真是稀奇呢」

拉麵界人物辭典

圍繞著拉麵的人們，包含拉麵評論家、喜歡拉麵的藝人等，經常在媒體上露臉的人。找到跟自己合拍的人，去試吃他們推薦的店家，也是一大樂趣。本篇也收錄了偉大的故人們。

拉麵王

武內伸【たけうちしん】 抱持對拉麵的火熱信念，成為第2代拉麵王，是拉麵評論家的先驅。2008年逝世。在「新橫濱拉麵博物館」負責宣傳行銷，並設立了拉麵綜合研究所，是「春木屋理論」的命名者，留下名言「拉麵的決定性要素是豚骨、雞骨、人的風骨」。暱稱武內為「小武」的佐野實（「支那蕎麥屋」店主），曾在他臨終時贈言「拉麵業界的國寶」。

拉麵王 在電視節目《電視冠軍》（東京電視台）的「拉麵王選手權」中得到優勝者的稱號。該節目除了盲飲湯頭及基礎知識問題外，千變萬化的出題也是一大魅力。優勝者自然不在話下，所有得以參賽的人，都是通過預賽考驗的強者，賽後也有許多人真的開始從事評論活動或飲食相關工作。

石神秀幸【いしがみひでゆき】 第3、4屆「拉麵王選手權」優勝者，史上唯一的連霸達成者。是被稱為「擁

有神之舌的男人」的最強拉麵王。憑藉著他那穩固的審美眼光，以及傑出的表達能力，撰寫通稱「石神書」的拉麵指南，持續10年以上不輟。是許多拉麵風潮的引領者和提倡者，從評論者這一端牽引著拉麵業界，「Inspire系」「W湯頭」「雞白湯」都是他發明的詞。藉由公開檢查證明，他擁有非常優秀的味覺，並精通所有料理與葡萄酒。曾協助監修漫畫《拉麵王》系列。現在也經營飲食連鎖店。

山本剛志

【やまもとたけし】稱霸第6屆大會的拉麵王。他本來就是一個猜謎狂熱者和杯麵愛好家，在經歷認真走訪試吃後，僅僅1年左右就奪冠。身兼評論家身份，名列「拉麵Walker TOP百麵人」。每天都會在部落格上發布拉麵資訊。同時也是一位熱心的廣播節目聽眾。曾在電視節目《松子不知道的世界》中介紹湯麵。

拉麵Walker百麵人 所謂的百麵人，是指在刊登新店資訊量領先業界的Mook《拉麵Walker》每年舉辦的「拉麵Walker錦標賽」中具有投票權的人。（讀者也可以寄明信片或上網投票）是由名人與評論家等「TOP百麵人」、全國各地的「地區百麵人」，以及編輯部成員共同組成。

佐佐木晶

【ささきしょう】第7屆大會的拉麵王，行星科學研究者，在日本國立天文台工作，現在擔任大阪大學的教授，他是一個完全的死忠回訪派，自稱史上最弱的拉麵王。曾著書《徹底品嘗拉麵》（日文版由光文社出版）。

小林孝充

【こばやしたかみつ】第8屆優勝者。比賽時相當強，

在搶答問題上發揮超群的爆發力，更在與歷代王者角逐的大賽中優勝，獲得「初代拉麵大王」的稱號。曾出演猜謎節目「99人之壁」，同時也是「TOP百麵人」。

青木誠【あおきまこと】第一次參賽（第8屆）時，在預賽輸給前冠軍小林孝充，但在數年後的第9屆大會上，挺著吃胖30公斤的身軀登場，並成功雪恥。是一位很符合其外表體型的Jirolian。既是「初代拉麵檢定王」的雙冕王紀錄保持者，也擔任「TRY審查員」。

TRY審查員 指表揚「業界最高權威」，每年刊登首都圈拉麵店排名的MOOK《TRY拉麵大賞》（俗稱「TRY書」）審查員。歷代的審查員中包括石神秀幸、大崎裕史等優秀的拉麵人。名單分為新人、名店、大賞等分類，蘊藏著改變後世業界動向的可能性。

TRY審查員

大崎裕史【おおさきひろし】自稱「全日本嘗過最多拉麵的男人」。創立史上第一個拉麵綜合網站「東京的拉麵屋」，並打造拉麵愛好者交流園地的業界第一人。營運網站的同時，不斷發佈到各地試吃拉麵的資訊，同時在各媒體與TRY書上進行評論活動。既是「拉麵資料銀行」會長，也是「日本拉麵協會」的創始會員，長年來擔任理事，是拉麵業界的大功臣，更曾參與監修許多杯麵。熱愛美味的料理和J-POP。

北島秀一【きたじましゅういち】曾參加第4屆拉麵王選手權，並一路拼到決賽，是業界首屈一指的知性

派。因為吃了「桂花」的太肉麵而覺醒踏上拉麵之道。暱稱「阿秀」的他，受到眾人喜愛，採訪和撰文都相當真摯，也曾擔任ＴＲＹ的審查員，非常遺憾的是在２０１４年與世長辭。告別式在他最愛的《宇宙戰艦大和號》主題曲中踏上旅程。

礼良

【レイラ】長年擔任ＴＲＹ審查員，是位能輕鬆吃下數碗拉麵的爆食女性，但同時也是職業肚皮舞蹈家、ＩＧ網紅。多才多藝簡直就是用來形容像她這樣的人，連做菜都具有職業級水準。許多店主都盛讚其知性洋溢的評論，以及優雅的吃相。

齊藤光輝

【さいとうみつてる】以「吻仔魚」名號聞名的知名部落客（《吻仔魚的拉麵日記》）。廣獲人們信賴，甚至被拔擢為ＴＲＹ審查員，每天都致力於開發新店家。「背脂拉麵地位向上委員會」會長。深愛庶民類型的居酒屋。

田中一明

【たなかかずあき】在深夜節目《拜託了！排行》（朝日電視台）扮演「拉麵官僚」，以一句「好吃好吃好吃……！」而一戰成名，是一位真真正正的拉麵公務員。他用獨特的語調形容拉麵，從２０２０年開始擔任ＴＲＹ審查員，特別精通北關東的拉麵。網名是「一明仔」。

尾瀬

【おぜ】在部落格《尾瀨的拉麵手帳》中寫拉麵和日本名城巡禮的上班族。一年會吃超過９００碗拉麵，其實力與細緻的筆法獲得公認，２０２０年被選為ＴＲＹ審查員，是年輕部落客中的新星。

麻呂

【まろ】2020年開始擔任TRY審查員，是為曾以美容教主身份聞名的美男子，現在也持續經營美容事業。雖然身形苗條，卻是一位驚人的大胃王，在日本食評網站《Tabelog》上的投稿數是日本第一。如果是拉麵，他每天可以輕鬆吃下10碗左右（每年1600～1800碗！）。精通所有料理，在餐飲圈交遊廣闊，認識許多知名的頂尖主廚。

帥麵

【いけめん】在《愛麵部落格》中網羅各種店舖資訊的新開店家踩雷專家。他的本事得到認可，從2017年開始擔任TRY客座審查員。

白健

【しらけん】在部落格《白健的日記》中持續介紹新開店資訊，同時也是一家潛水用品店的老闆。與帥麵同樣都是攻略新店的專家，並獲邀擔任TRY客座審查員。

拉麵Walker百麵人

半津遠藤

【はんつえんどう】①走訪日本全國、海外進行採訪活動的美食記者，守備範圍不限於麵類，也包含在地美食等多種領域。經常在各大媒體上露臉，並提供餐飲顧問、美食主題樂園的監修服務。著有《拒絕採訪的超好吃拉麵店》（日文版由廣濟堂出版）等眾多專書。

① 筆名「はんつ遠藤」的由來是他年輕的時候，喝High了會戴上內褲（パンツ）唱歌跳舞，半津的日文讀音近似內褲。

田中貴【たなかたかし】搖滾樂團「Sunny Day Service」的貝斯手。在巡迴演唱會的過程中，走訪全國各個角落的在地店家，數十年來累積了壓倒性的知識量，已經大大超脫了音樂人的領域。《拉麵Walker TV2》（富士電視台）主要主持人。在著作《Ra:》（日文版由學研Plus出版）中寫滿了他對拉麵異於常人的愛，以及豐富多彩的交友關係。

小野員裕【おのかずひろ】「橫濱咖哩博物館」的初代榮譽館長，也是大眾料理研究家，非常了解食堂、居酒屋等輕鬆親民的巷弄美食，撰有《魂之拉麵》（日文版由President社出版）等拉麵相關書籍。

鳴見奈留【なるみなる】曾被翻拍成日劇、動畫的超人氣漫畫《愛吃拉麵的小泉同學》（中文版由台灣角川出版）原作者，是一位女性。如同她從作品中傳遞出的熱情般，本身也是一位非常硬核的拉麵愛好者。不僅每天都會吃拉麵，截稿繁忙期的杯麵囤貨量也很驚人，簡直就是書中小泉同學的真人版。

赤池洋文【あかいけひろふみ】富士電視台的製作人。他活用了喜歡到處吃的個人興趣，開設許多與拉麵相關的節目，他對「拉麵二郎」的熱愛在業界也相當有名。

Brian MacDuckston

【ブライアン・マクダクストン】迷上拉麵的美國人。在英文部落格中向全世界傳遞日本的拉麵情報，是一位全球型的網紅。著有專書《最強美國拉麵男 嘗遍東京50家超美味店》（日文版由K&B Publichers出版）。

其他人士

山路力也

【やまじりきや】《千葉拉麵通信》的主宰人。會向專欄投稿業界話題的美食記者，也會在直播中熱情地提出問題，並傳播拉麵資訊。與山本剛志、北島秀一（已故）共同創立拉麵專門誌《RaMaga》，並推出限定的淋荧拉麵「NAKED」。著書眾多，包括《東京懷舊拉麵》（日文版由幹書房出版）等。

井手隊長

【いでたいちょう】拉麵音樂人，除了翻唱南方之星的歌外，還會唱很多拉麵歌。在《東洋經濟Online》等網路媒體上都有連載專欄，還會上傳拉麵情報影片。曾為已故的山岸一雄企劃書籍。

SUSURU

【すする】每天上傳吸拉麵影片的Youtuber。2022年的現在，頻道訂閱數已超過108萬人。個性開朗又謙虛，獲得眾多拉麵店主的支持。具有拉麵宅等級的知識量，卻同時擁有拉麵宅欠缺的清爽感，是新時代的拉麵明星。

村上純

【むらかみじゅん】搞笑團體「Shizuru」的成員。是曾經出

版過二郎系拉麵專書的Jirolian。與後輩搞笑藝人北川筍乾、南部痛風共同經營Youtube頻道「拉麵預備校」，用愛在做節目，盡力提升拉麵粉絲們的意識。

伊藤繪美

【いとうえみ】現在主要以舞台劇演員、聲優等身份活動的寫真偶像。在拉麵界的知名度和貢獻度都非同小可。拉麵素養非常高，也擁有拉麵檢定的資格，會參加許多「日本拉麵協會」主辦的活動。

本谷亞紀

【ほんやあき】曾經風靡一時的前「拉麵女大學生」。在電視節目《笑笑也可以！》（富士電視台）擔任拉麵講師，顛覆一般女性的拉麵觀。著有《我成為日本第一個「女性拉麵評論家」了！》（日文版由扶桑社出版）。

森本聰子

【もりもとさとこ】「拉麵女子博」的活動企劃者。為了讓拉麵能在年輕女性族群中更為普及，而定期舉辦「拉麵女子會」，並推出以拉麵主題設計的飾品等，從女性獨到的觀點推廣拉麵魅力。

岡崎美玖

【おかざきみく】在Youtube頻道「岡崎美玖的39麵」上，上傳人氣店主採訪和試吃影片的拉麵採訪人。喜歡的詞語是「自家製麵」。

演藝圈人士

勝俣州和【かつまたくにかず】演藝圈首屈一指的拉麵通。與「東池袋大勝軒」的上一代店主山岸一雄曾有密切交流，對山岸的敬仰在業界中相當有名。曾說過「喜歡能感受到店主氣概的拉麵」。

清水美智子【しみずみちこ】出身自飛驒高山，從數十年前就非常喜歡笹塚的「福壽」。曾在田中貴著書的附屬CD中翻唱矢野顯子的〈想吃拉麵〉，展現了讓人分不清是模仿還是原唱的歌聲。

指原莉乃【さしはらりの】曾是AKB48的前C位成員，也是公認的重度拉麵熱愛者，迷戀激辛系拉麵，據說她真的會一個人去排隊。

齊藤京子【さいとうきょうこ】偶像團體「日向坂46」的成員。個人介紹語是「我是最喜歡拉麵的齊藤京子」。個人首推日高屋的韓式味噌拉麵。曾說過「希望最後能榮獲拉麵的國民榮譽獎這類獎項。」

白濁豚骨湯誕生的緣由，是店主出門忘了關火而煮過頭的無心失誤

九州豚骨拉麵的發祥地是福岡縣的久留米。但豚骨湯頭並非從一開始就呈現白濁的樣子，據說其誕生的源頭，是中華蕎麥麵攤「三九」。

昭和22年（1947年），店主杉野勝治正在熬湯，因為有事要出門，請母親幫忙看火，但當他回到店裡時，湯頭卻因猛火沸騰而變濁了。他試著加入醬汁試喝，意外發現竟然非常濃醇美味，於是就用這鍋湯賣拉麵，並獲得好評。這偶然的產物，造就了近似於中華料理「白湯」的湯頭。不過這份偶然，並不只發生在久留米而已。

這是昭和53年（1978年），發生在和歌山「井出商店」的事。在那之前的和歌山拉麵，家家都是清澈的醬油湯。有一天，第二代老闆井出紀生發現，湯頭的濃醇度會隨著沸煮慢慢變強。抱著姑且一試的心態，他提前至半夜開始熬湯，結果熬得比想像中的還濃，湯色也變濁了，這鍋湯還有股紮實的濃醇感。他進一步再把湯收得更濃，並持續改良醬汁和麵條，最後完成了人稱「井出系」的濃厚拉麵。

另外還有昭和10年（1935年）創業的吉祥寺「Hope軒本舖」。這是一家促進東京拉麵文化繁榮的功臣名店，同樣也經歷了類似的過程。某次在熬湯時，老闆因為別的事分心，在應該保持小火的時候讓湯頭滾過頭，後來想著反正也沒有什麼腥

味，丟掉也太可惜了，於是就試著拿來賣，最後持續到今天。

接下來的這個說法雖然不算源自失敗，但博多「元祖紅暖簾」的前店主，曾留下九州拉麵（＝豚骨拉麵）的根源應該在北海道的說法。北海道從戰前就有一種愛奴語稱作「Soppu」的白濁豚骨湯或雞湯，據說看到這種湯的中國人，回國後用它開了一家叫做「十錢蕎麥」的麵店。吃到這種麵的九州軍隊，回到日本後做的麵就是九州拉麵的始祖。像是叉燒（滷火腿）、咖哩飯，許多美食的作法都是從軍隊傳出來的，這個說法的確非常有趣。正因那個時代一片混亂，所以豚骨湯或許就是這樣在各種地區同時發展出來的……我不禁如此想像。

說到這裡，或許是因為西洋的飲食文化以肌苷酸這種鮮味物質為中心，現在受到全世界歡迎的日本拉麵，幾乎都是豚骨湯口味。如果沒有前述的失敗和發現，日本拉麵要推廣到全球，或許還要花上更久的時間。

光是改變麵碗的顏色和形狀，就能製造讓人覺得味道、份量不同的錯覺

東京都內曾經有家很好吃的鹽味拉麵專賣店，在應該是以雞為主的清澈湯頭上浮著金黃色的油脂，外觀相當美。我之所以用「應該」這種推測詞，是因為那個「顏色」完全看不見，也就是說，因為那家店用的麵碗是黑色的，完全看不出透明感湯頭帶有的纖細色澤。這家店後來倒了，讓我覺得好空虛，不禁想到，如果當時是用白碗裝的話，看起來該會有多美啊。

另外，在某家豚骨拉麵店開幕前辦的試吃會上，也發生過這種事。許多來吃拉麵的客人都抱怨「味道雖然不錯，但量太少了」。然而老闆只不過是進去換了一個麵碗裝，大家卻開心地說：「沒錯沒錯，就是要裝這麼多才對嘛」。不過這兩碗拉麵的份量其實是一模一樣的。一開始使用的麵碗，是碗壁幾乎呈現垂直的黑色「丸井」型，而後來端出的麵碗，則是開口較大的「切立」型白色麵碗。

視覺出乎意料地支配著我們的感官，有時甚至會影響實際感受到的味覺。在上述的例子中，俯瞰麵碗時因為直徑差異、白色帶來的膨脹效果，以及麵碗顏色接近豚骨湯等原因，都引起了視覺錯覺，讓人感覺份量變多了。

除此之外，麵碗的厚度、角度會影響嘴唇的觸感，甚至會改變易吃度和滿足

度。某家店的人氣附餐，雖然特惠價只要100日圓卻配上又厚又重的餐具營造高級感，要是換成塑膠製的輕盈器皿，客人一定會覺得「真廉價」吧。還有家店選用手揑陶風格的麵碗，表面觸感做得很粗糙，這就跟店裡用的燒干素材形象非常契合。

如果是對時尚有研究的人就知道，穿搭配色時有一種稱為「撞色」的策略。在整體清淡的顏色中，放上一個濃色當視覺焦點，或是在暖色系的主調中安插一個藍色或綠色的單品，這樣做可以讓整體看起來更有重點。料理的世界也有同樣的道理。拉麵可以用綠色的韭菜、紅色的調羹，或是半透明的藍色水杯……這些色彩都可以讓整體看起來更美味，並誘發食慾。

人類會受到錯覺、先入為主的觀念等偏見影響。雖然在精密計算下採用這些要素也稱得上是店主的敏銳度和手腕，但身為客人的我們，如果能把這件事放心上，就可以避免產生奇怪的誤解。順帶一提，我個人會把撞色的食材留到最後才吃，畢竟色彩也是味道的一部分嘛。

拉麵界的清湯只有湯色清澈的意思。原來的「清湯」指的是使用某技法萃取的湯

在拉麵的世界裡，稱呼白濁的湯頭為「白湯」、透明度高的湯為「清湯」。因為白湯更早為世人所知，所以作為對照才使用清湯一詞，例如雞白湯、雞清湯、豚清湯等等。因為簡單易懂，所以在拉麵界就固定使用這類叫法了。

不過這些都只是方便上的稱呼，請讓我簡單介紹一下清湯本來的意義和種類吧。首先「湯」指的就是湯底，最基本的「毛湯」是用文火慢煮肉類、雞骨、豚骨等素材，在保持不沸騰的狀態下所熬成的湯。這種湯雖然也很清，但大多數的情況下都會帶點濁感，因為會用來當成許多中菜的底味，所以個性並不強烈。一般熬拉麵湯時還會加入形形色色的大量食材，所以旨味更強，色澤也會更濃，但多數的清澈湯頭，煮法基本上都跟毛湯一樣。

回到所謂的清湯，則是先慢燉整隻雞熬出毛湯之後，為了得到更清澈的湯色，而使用「掃湯」技法作成的。這種方法會把雞胸肉絞成雞蓉，用水或高湯洩開，倒進冷卻的湯頭裡再重新加熱，這時雞蓉的鮮味會溶進湯中，而肉的蛋白質在高溫下，也會吸附讓湯變濁的油脂和渣滓並凝固，剩下的湯頭就會呈現清澈的金黃

色。用這種技法完成的湯才叫清湯。

至於白湯，則是在毛湯裡加豚骨或背脂，開大火讓它不斷沸騰。骨髓中的膠原蛋白會讓水和脂肪乳化（參見P139），最後完成乳白色的湯。雖然這很近似於拉麵湯裡的白湯，但在中華料理中使用的頻率很低。其他更高級的湯還有「上湯」，這是使用世界三大火腿之一的「金華火腿」和豬肉、干貝等食材熬成，本身就可以當成一道料理的奢華湯品。上述的湯頭都會隨著中華料理的所在地區、時代、店家、廚師而異，但大致上可以分成這些類型。

最後我想要引用導入掃湯技法的「拉麵 大至」店主柳崎一紀曾說過的話：「比起油脂乳化帶來『滿足感』，我更想要強調從素材萃取出的濃郁『旨味』，所以一直追求高透明度的湯頭，把我在學徒時代學到掃湯的技法應用在拉麵上。在我的店裡，會先把魚介豚骨湯熬上10個鐘頭左右，徹底拉出旨味，接著把湯放涼，倒入雞胸絞肉，重新加熱2～3小時，吸附所有濁渣，最後把湯過濾就完成了。」這家店被評為「普通拉麵的最高峰」，背後的費工程度卻絕不普通。

為味道打分數的行為充滿矛盾。因為這只不過是個人評估，而且沒有人知道100分滿分的味道到底是什麼

各家美食網站不消說，在個人部落格和社群平台上，都會對拉麵或店家打分數。確實分數可以當成預備知識或是找店的標準，我並不是要否定其有效性。但是說到頭，所謂的分數制度本身就存在很大的矛盾。之所以可以評分，必須建立在當事人「知道滿分是什麼」的前提。因為知道100分是什麼樣子，才可以用扣分法評出分數。換句話說評分者「要知道味道的最高值」，也就是「從今以後都不會有超越這個境界的店了」的判斷，但這一點都不現實。

這件事大家都心知肚明，所以幾乎不會打出90分以上，或者40分以下的極端分數，就像這只不過是個人心中的偏差值罷了。在我認識的人當中，也有可以做足詳細設定而精細地計算分數的人，但為什麼不是77分或79分，而是78分呢？幾乎沒有人可以回答出明確的理由。

我第一次和某位店主攤開來聊這件事時，他說：「我們家的拉麵（魚介風味強烈的醬油拉麵）如果和其他拉麵……例如豚骨拉麵好了，是沒法站在同個擂台上比較的。它們是完全不一樣的東西，而且這種想法對豚骨拉麵也太失禮了。所以那些用分數

來排名的節目，我是一定會拒絕的。」所以我負責擔任審查員時，會在特定的分類或地區內設下審查標準，並以此為店家排名或評分，同時也會把這位老闆的話放在心上，非常謹慎地打分數。

去拉麵店排隊的時候，常常可以從前後的客人嘴裡聽到「這裡很高分，一定超好吃」之類的對話，他們說這種話時，通常眼睛都會盯著手機畫面。不過，話真的能說得那麼武斷嗎？例如位於都市正中心、每天都會有大量年輕人造訪的店，跟鄉下那種客人都是不會用手機的長輩的店相比，分數的意義就完全不一樣。

而且，一旦養成了什麼都要看分數的習慣，就會無意識地開始找缺點。雖然乍看之下好像很有批判的眼光，但我認為能找到大家都沒發現的優點的人，能力要高得多了。分數只能當成參考，請用自己的感官、自己的味覺來品嘗拉麵。

讓人難以置信的奧客……。鐵門拉下來打烊後還要硬闖、拉麵都作好了才說要改、接個電話就一去不回

我因為工作的關係和許多店主們聊過，才知道世界上存在著這麼多令人難以置信的奧客。店家在打烊時分撤下了暖簾，鐵門已拉下一半，椅子為了清掃而通通擺到桌上，客席的照明也都關了，正當店主在廚房角落計算當天營業額的時候，居然還會有客人闖進來問「還有嗎？」

某人氣店家曾經碰過兩個年輕男性一起來吃，卻只點了一碗的事。店主向他們說明「請每位都要點一碗」，那兩個人卻說：「我們在別家店已經連食過了，如果不兩個人分一碗會很困擾耶！」據說後來店主非常禮貌地送客，卻換來嗆聲和嘲笑。這種人實在是拉麵愛好者中的老鼠屎。

某間以自家製麵自豪的店，卻遇上把老闆精心手打的麵全部剩下，只喝完湯就走人的客人，而且還不止一次。不知道他是為了堅持低醣飲食還是有什麼健康上的理由，但這對用心做麵的店主來說未免也太殘忍。而且如果不要麵，應該一開始就先跟店家說啊。後來那位客人就被列為拒絕往來戶了。

還有一個是我的經驗。我曾經碰過坐在附近的客人走出去接電話就不見人

影。這時他的拉麵已經上桌，過了一分鐘人也還是沒回來，於是店主只能把麵碗撤掉，等他回來再重煮一碗。這應該是老闆想著畢竟來都來了，希望客人可以吃到現作拉麵的善意，那位客人卻什麼都不知道地吃完新煮的麵，然後上一碗好好的拉麵就這樣被浪費了。另外我也不能理解五個男的一起去只有吧台座位的店，明明客滿還要求「位子要全部坐一起」的那種客人。想聊天的話，去咖啡店或居酒屋不就行了？我還碰過帶下屬去吃麵的男子，在店裡面對獨自值班的女店員大罵拉麵有哪裡不好，聲音響徹店內的例子……。

對了，還有一種從以前就有，會在人家已經開始煮麵以後才說「我要改大碗」的奧客。其他像是麵上桌都過了好幾分鐘還在拍照的客人、自己點了激辛菜單還要罵店家「太辣了！」的誇張客人、在ＳＮＳ上對女老闆死纏爛打，還要帶一堆禮物來店裡的客人……真是不勝枚舉。在這些奧客故事中，我覺得最扯的是，竟然還有會咬店員身體的客人！無論那種都應該被當成反面教材，但據說這種等級的客人竟然每週都會出現一個左右。開拉麵店真的是太辛苦了。

如果要開始走訪拉麵店，建議遵照「家附近」「味型」「名店」「歷史」「系統」的順序

一旦開始對拉麵感興趣，會想去吃那些自己不知道的店，也是人之常情。去那些名氣響噹噹的名店當然也很好，但我建議首先可以先在不勉強自己的前提下，在自家、工作地點附近探訪自己有興趣的店。等到吃過幾間，找出自己喜歡的味道（例如味噌、煮干等等），再開始在通勤路線途中的車站下車探店，慢慢擴展範圍。然後偶爾可以去一下自己喜歡分類中的超級名店。經過這些階段，就會實際感受到同樣的味型，竟然能有這麼寬廣的變化。進而會從名店的味道中嘗出個性並感到驚豔，反過來說，也能吃懂無名小店的長處。

如果想要進一步深入探究，不妨追溯一下歷史。調查歷史悠久的店家、老舖，依照時間軸跟著探訪進化軌跡，眼界也會變得更寬。雖然到了這一步驟已經是狂人的領域了，但追店家的系列也是一大樂趣。即便都是在同一家店學藝出來的老闆，也能品嘗到個人細微的個性差異，最後就會踏上以拉麵為目的的旅行……我是覺得不用作到這一步也沒關係啦。

味覺這件事是相對的。如果可以的話，在自己附近找到像家一樣的店，就可以當成味道的基準。至於各種味型的拉麵，各選出一家當代表就很理想了。然後可

吃法

以選個時機買拉麵指南書來看，網路上的資訊常常汰換，無論怎麼刷都會先看到新的東西，新店資訊也會過多。如果看書，就會比較穩定，不容易見異思遷。不過一開始只要買一本就夠了。

常常會看到那種教人「分辨美味店家的方法」，但對我個人而言，從外觀完全看不出來好不好吃。每個拉麵狂人都會掛在嘴邊的「氣場不一樣」，也是出自吃過數千家拉麵累積的觀察眼光和直覺，即便碰巧猜中了，那也不是自己的本事。有些書會告訴你「〇〇好吃的店，拉麵也會好吃」，但那也是已經進店才會知道的事，所以意義不大。請仔細觀察店外飄散的香氣、店面的清潔感，以及吃完走出店的客人臉上表情等細節再判斷。即便光靠自己的直覺，覺得「就是這了！」衝進店裡結果踩雷，也是一種有趣的經驗。

某位拉麵店老闆曾經問我說：「應該讓員工去試吃怎樣的店才能累積經驗？」我推薦的是「持續10年以上的店」。新開幕的拉麵店，經過10年只有一成能存活下來。能撐得過10年，就代表這段時間一直受到客人的支持，並突破流行和低潮期的考驗，是有實力店家的證據。像是不過氣的味道、大份量和學生優惠、細緻的待客之道、店內的清潔感等等，一定會有什麼獨到的優點。探店試吃這件事，一言以蔽之，就是不要拼過頭。請用你自己的節奏開始吧。

進化的過程＝「Inspire系」。「怎麼又是你」的店家會被淘汰，留下好店而形成類型

Inspire是Inspiration的動詞原形，原意是感化、啟發等等，但現在拉麵界普遍用來形容「模仿」，並不是它本來的意思。就算拉麵的外觀長得不一樣，也有可能是受到某家店的啟發，不過，確實有很多店家受到中野「青葉」的「觸發」，而推出類似口味。在此我想要向「Inspire系」（參見P133）一詞的命名者石神秀幸脫帽敬禮，真是太有Sense了。如果青葉的味道沒有藉著Inspire系傳開，後續的「濃厚魚介豚骨」就會更晚才出現了吧。

「又你」（參見P131）是「怎麼又是你」的簡稱，指那些因為大為流行，外觀長得都一樣，味道也都很類似，讓消費者看膩又吃膩的拉麵。「又你」這個詞雖然說得精準又很妙，卻也是很過分的蔑稱。

「Inspire系」和「又你」之間存在某種關係性。藉由「青葉Inspire系」而傳開的魚介豚骨拉麵，誕生後的10年間母數不斷增長，因為認知度太高，而到了被揶揄成「又你」的程度，然後就只有實力堅強的店家才會存活下來。現在所謂「雞與水」的分類，同樣花了大約10年蔓延開來，新店家會被稱作「又你」，現在也已經開始淘汰了。不管是哪種拉麵，如果沒有紮實的內在，就會隨著時代的浪潮消失。

任何創作都是從模仿開始的。遵循前人留下的先例前進，歷經嘗試錯誤後脫離傳統，最後獲得自己的個性。拉麵也一樣。一開始一定會有一家費盡苦心、從無到有開創新味道的店，並在其影響下出現模仿店。當然裡頭也會有抱著隨便心態只想用抄襲撈一筆的店家，但也有人是真的被元祖的味道感動，帶著尊敬心情在作拉麵的。如果所有模仿的行為都要被否定，像在地特色拉麵這種集團趨勢就不會出現了。

近年來「二郎Inspire系」的店家不斷增加，不過卻不會被稱為「又你」。這是因為二郎的分店本來就很多，而且各店會持續提供原創菜單，與其笑人家「怎麼又是你」，不如去本店吃就好了啊，大概是這麼一回事。

某位超資深的美食漫畫家曾說過這樣的一段話：「Big錠老師才是原創，他用自己的想像力和繪畫實力突破高牆，開拓了美食漫畫這條路。我只不過是走在這條路上的模仿者，不過如果在我後面出現了更多模仿我的人，這件事就可以形成一個類型。」我覺得這段話也很適用於拉麵。正是因為有著對前人的敬仰，並認清自己只是模仿者，所以才會時時心存戒慎吧。

經典的「去腥食材」胡椒被當成搞砸味道的壞人，其後，人們也重新審視了香辛料和調味料

自古以來，胡椒被當成保存食物的防腐劑，同時也被當成藥材般珍視。以前作拉麵的人，既沒有辦法獲得像現代這般優質的食材，也因為物流和冷藏條件不良，食材無法保鮮，經歷了一段漫長的黑暗時代。比起現代人，對當時的人而言更討厭動物味濃厚的湯頭，所以店家會在桌上擺可以壓掉腥臭味的胡椒，這個傳統也持續到今天，所以很多長輩都把胡椒當成吃拉麵時不可或缺的調味料。我有時候也會從事籌備拉麵活動的工作，不管到哪個城市，都會被長輩罵說「開拉麵店怎麼可以沒有胡椒！」雖然這可能是因為店家自己的原則，或是有些拉麵真的跟胡椒不搭，但在這些長輩心中「拉麵就是要灑胡椒吃」的刻板印象卻非常根深蒂固。到了現代，幾乎不會有少了胡椒就吃不了的拉麵，店家也會對那些不分青紅皂白灑胡椒的客人提出對策，例如自己調配適合搭配拉麵的胡椒粉，或是不把胡椒罐放在桌上，而是要客人提出要求後才提供等等。

前面的話題好像在討論拉麵到底應不應該灑胡椒，但無論選擇哪一邊，都是放棄思考。我有個朋友在常去的店裡吃麵時灑了胡椒，卻被隔壁的客人嗤之以鼻，那種擺著一副「老子很懂」的表情和態度真的好嗎？當然這是個人喜好的問題，有

些拉麵灑一下胡椒就會變得整碗只剩胡椒味，卻也有能跟胡椒香氣非常融合的拉麵，希望讀者能好好分辨。從來沒吃過的拉麵，如果馬上灑胡椒，的確有可能毀了味道，就算不是這樣，也應該替製作這碗拉麵的人想想，先試試原味再說。吃到一半如果覺得需要，再少量少量地加，我覺得這會是比較好的作法。

順帶一提，胡椒依照果實的成熟度和加工製程不同，可以分成黑、白、綠、紅等類型。熟透的果實是紅胡椒和白胡椒，在成熟前採收的是黑胡椒和綠胡椒。而粉紅胡椒雖然常被大家當成胡椒，但其實是不一樣的，它是與胡椒不同科的漆樹科植物「秘魯胡椒」的果實，因為顏色和形狀近似胡椒而得名。

現在胡椒扮演的角色已經不是去腥，而是用來增添強烈風味。雖然因為很容易取得而經常被我們遺忘，但它再怎麼說也是香料之王。無論風味較強的黑胡椒，或是辣味銳利的白胡椒，希望大家可以有意識地依照拉麵的種類來選擇搭配。

看似冷酷卻仔細觀察客人需求的待客之道。一味親切卻連客人點了什麼都不記得的待客之道

埼玉縣某家知名拉麵店的老闆，過去曾經因為不會說「歡迎光臨」而被指責很沒禮貌。確實這家店的其他店員都會跟客人打招呼，只有老闆始終保持沈默，不過他煮麵的身姿卻非常認真，拉麵和蘸麵上桌後，那位老闆也會非常仔細地觀察客人，我每次去吃，一抬頭都會跟他對上眼。所以如果客人想加湯，他馬上就會過來幫忙。那些任性的客人只在乎吃，大概不會發現這種細節吧。

與這家店相反的，也有那種明明待客很有活力，也會問客人喜好，卻幾乎每次都搞錯訂單的店。因為我還滿喜歡那家店的味道，所以不會去抱怨什麼，但錯誤頻率高到已經像那家店的專屬哏了，其實在我心裡有時候也在期待他們送錯單。

不像SOP的待客模式才會讓人印象深刻。比如在等拉麵的時候，看到其他客人的麵先上桌，心裡正想著「我的還沒好嗎……」老闆竟會有如看穿這點般，馬上補一句：「小哥是點醬油吧，馬上就煮了喔！」的經驗我經歷過好多次，而且會這樣作的店，清一色都是女老闆，他們傳遞了「我沒忘記你的份喔」這種纖細的體貼。

可能是因為最近日本流行的「Hospitarity（款待精神）」被無限上綱，要求過剩服務的客人四處橫行。不過，去的明明就是客單價1000日圓左右的餐飲店，卻要求非常高級細緻的待客服務，這種人才奇怪吧，又沒付服務費。而且一般客人幾乎都滿冷酷的，吃完了也不會跟店家說聲「我吃飽了，謝謝款待」。根據我因為辦活動進廚房的實際體驗，始終沈默的客人佔了6成以上、普通的客人佔2～3成，讓人覺得很好的客人只有不到1成。

有些人可能會覺得花錢就要當老大，但試想如果自己要做出同樣的拉麵，得花多少勞力、技術、器具和材料費呢？你付的拉麵錢只不過是這些成本的等價交換罷了。

奧客這種人之所以會增加，應該也是因為「客人就是神」這種誤解思想導致的。昭和的大歌手三波春夫說過的那句話，據說並非在說「客人等於神」，而是「願意聽我歌的所有客人（不是指去現場坐著的人們），就像天上的神明一樣」。

不管是哪種說法，客人如果想當神，也不應該當禍害店家和其他客人的邪神，而是應該表現得像受眾人景仰的佛祖一般，並時時刻刻把這件事放在心上。

那些踩點家和新店獵人幾乎只會來一次。不管評價有多高，如果不能打造當地人喜歡的店，短時間內就會倒閉

拉麵狂人可以依照嗜好性大致分成「踩點家」跟「回訪家」。主要探訪新開店、未訪店的是踩點家；一直去同一家店的是回訪家。但幾乎不會有人完完全全地只站一邊，只能說是比較傾向哪一邊的程度差異。

以前的時代，餐飲業者會帶著嘲諷意義，稱呼那些到處試吃，每家店只去一次的人為「候鳥」（其實真正的候鳥飛走了也會再飛回來啦）。在網路普及的資訊化社會，個人也會擁有等同於大型媒體的發布力、擴散力。就算是只來過一次的客人，在個人媒體的影響力下，也會對店家帶來客人或提升形象等好處，但這種口耳相傳的評價，也是需要注意的。

有句話叫「耳食」，不是用嘴吃而是用耳朵吃，也就是「只聽別人的說法，自己不判斷是非」。這跟前面提到過的分數制度很像，如果只是被別人的意見牽著鼻子走，那就真是賠了夫人又折兵了。

某位店主在自己的部落格裡列舉了長年來自己認可的店家，於是有很多拉麵狂人照著這份名單跑去試吃，並盛讚「不愧是〇〇店主推薦的店」。確實那位店主推薦的店都很好吃，不過名單裡卻有一家町中華，我真的有點吃不懂，於是我

直接問了他，結果他竟說：「啊，那家店已經不行了啦，因為好幾年前他們把豬背脂拿掉，後來就一點都不醇，啥也不是了。」參考信賴者的評價就算了，但如果只是囫圇吞棗，那就是名符其實的耳食了。食字旁加個耳字，就是「餌」，希望大家多多留意。

真的能支撐一家店走下去的，是附近的人群。不管每週一次還是每月一次，會定期造訪的人，對店家而言當然才是更值得感恩的。諷刺的是，新冠肺炎疫情也讓這件事更明顯了。看到那些「拉麵我只吃這家！」的人，我心裡雖然會想著他們這樣會感受不到吃其他店的樂趣，但同時卻也覺得很羨慕。有些人秉持「因為拉麵店不知道什麼時候會倒，就是一期一會」的想法，不斷四處收集新店家，但所謂的一期一會，也可以套用在一家店、一種味道上不是嗎？明明是早已吃慣了的麵，卻為它感動到要落淚，世上一定有這樣的人和情況才對。

有時候跟人分食一碗拉麵也很開心，但也無法體驗每分每秒都在變化的拉麵味道

如果是幾個好朋友一起去町中華類的店家喝啤酒，大家一起分享一碗拉麵也是很正常的事，不如說町中華的箇中妙趣，就是可以一次品嘗到煎餃、炒蔬菜等形形色色的中華菜品。想到一家人或情侶說著「那個我想吃一口看看」，試吃比較彼此點的菜，這種光景也讓人不禁微笑。

不過，如果要好好品嘗一碗拉麵，我並不建議分食。只是想試味道的程度還沒問題，但拉麵這種食物，並不是設計來花上大把時間慢慢吃的。如果把拉麵交到別人手裡1分鐘、2分鐘，期間湧現的味道就會在這段時間裡消失，例如因為湯的溫度下降香味會變得平穩，主角逐漸轉為更鮮明的旨味。此外，隨著時間經過，油脂會和湯頭混在一起，叉燒、蔥花等配料的味道會影響湯味，麵條的成分也會溶進湯裡等。甚至有的店家在設計味道時，也會把這些時間帶來的變化都算進去。

而且吃的人本身，也會因為舌頭習慣味道，或是滿腹感提升而改變。如果跟人分食拉麵，就像在電影上映途中跑去上廁所一樣，不能品嘗到這些感官上的變化了。

就算是幾個人一起踩點試吃，為了嘗到更多味道，所以可能會事先講好「我點醬油、B點鹽味、C點煮干」等等，雖然這樣作也無妨，但一旦分食，總是會有那種不管大家還在吃，卻硬要說「這家店就該點鹽味才對」排出優劣順序的人。簡直就像在說點其他拉麵的人是槓龜一樣，會降低旁人的食慾，這也是我不喜歡共食拉麵的一大理由。

然而像是會有大量店家參展的拉麵活動，因為不可能吃完所有店，所以如果有人願意拿本來不在試吃計畫中的拉麵跟我交換，也是很開心的事。不過，也是有那種一大票人一起來，買了每家店的拉麵，等所有人都拍完照以後，再每人分一小口，最後剩下一大堆的人。所有拉麵都剩下半碗以上，呈現油脂放涼凝固的狀態被丟在一邊，在這些拉麵的面前，這些人全部都在滑手機。沒有比這更悲傷的風景了。

我並不是說絕對不能分食拉麵，只是分食會降低對一碗拉麵的集中力，如果想要好好品嘗跟享受拉麵，避免這樣做會更好。

因為某美食漫畫而形象變差的鮮味調味料（化學調味料），其實不是不能加，而是不能加過頭

過去的化學調味料，現在被稱為「旨味調味料（鮮味調味料）」。其主成份鮮味物質「麩胺酸」是一種胺基酸，它也是大腦所需的營養成分。拉麵的食材中，昆布、番茄等蔬菜、醬油和味噌都含有麩胺酸。帶來鮮味的胺基酸有很多種類，像是肉類或柴魚乾、煮干中含量豐富的「肌苷酸」，香菇等蕈類中的「鳥苷酸」、貝類的「琥珀酸」等等。這些胺基酸，混合多種使用的效果更佳，例如只要在10份麩胺酸中加入1份肌苷酸，感受到的鮮味就會比單獨品嘗多出5倍。就像我們會在燙青菜上面灑柴魚片一樣。

特別是豚骨系拉麵中的肌苷酸含量較高，加入麩胺酸可以大幅提升美味。如果是無化調拉麵（參見P12）就得使用昆布，但加大量的昆布會讓味道變得很膩口，旨味調味料反而能作出清爽的味道。以前曾經有位店主作出了「無化調的家系拉麵」，卻讓人覺得少了點什麼。我試著在湯裡加了挖耳勺尖端份量的少許旨味調味料，結果出現了爆發性的鮮美，加乘效果讓我大為震撼。

有些店平常是無化調主義，但也會依照場合使用鮮味調味料。就像每個人都

有差異般，就算每天採購一樣的食材，也會因為個體差異導致熬出來的湯頭不一樣，鮮味調味料就是用來調整這種每天的誤差用的。

很久以前，也曾經出現過度依賴旨味調味料的拉麵，由於味精的那股後味會持續留在舌頭上，在現代的拉麵中已經很少看到這種作法。但在物資匱乏的年代，這種拉麵卻支撐著人們的味蕾。

旨味調味料過去因為某部美食漫畫影響，而留下了對健康有不良影響的印象，但每天得真的攝取非常大量，才有可能對身體造成傷害。這就跟醬油、鹽一樣，就算是純水，一次喝太大量，也有可能因水中毒而死。

順帶一提，被稱為拉麵之鬼、食材之鬼的佐野實，在他的店「支那蕎麥屋」裡，也從不主張自己是無化調拉麵，因為食品添加物並沒有標註份量的義務，所以他無法排除在不知道調味料裡加了什麼的情況下無意使用的可能。現代出現了各式各樣的萃取物系調味料，旨味調味料的定義也變得更複雜了。

與其把拉麵本身當成肥胖、高血壓的直接原因，不如思考吃的頻率、量、速度、時段跟時機

雖然吃太多拉麵挺令人擔憂的，但許多評論家或是硬核的拉麵狂人，都擁有令人驚異的「食破」紀錄（每年吃500～1000碗！）雖說無論在什麼領域，都需要一定量的經驗值才能拿到話語權，如果以此為業的人更是如此，不過如果只把拉麵當成一種興趣，就一定要考慮到健康層面了。

我這次在寫書時，和內科醫師柄澤麻紀子聊過。醫師，其實我是想問妳拉麵的事……「體檢發現三酸甘油酯高的人，如果問他們是不是喜歡拉麵，絕對都會回答是。」從一開始就讓人耳朵好痛啊。

「拉麵以碳水化合物為主，在體內會變成三酸甘油酯。鹽分很高，所以會影響血壓，而且油脂含量高，很容易就攝取超量卡路里。吃得太多會導致肥胖和糖尿病，如果病情嚴重，就有可能再也無法吃拉麵這類食物了。雖然這是理所當然的，但基本上如果是有慢性病的人，或是血檢某項數值特別高的人，就應該避免攝取油膩、太鹹的食物。」果然是這樣呢……大家一定要做好適度的自我管理。

「平常可以鍛鍊肌力，藉以提升基礎代謝率。在拉麵店的去程和回程各走一

站的路也不錯。然後多喝水也很重要，特別是尿酸值偏高的人。」說到痛風患者，有很多都是喜歡在喝完酒後去吃碗拉麵當收尾的人，那又是怎麼一回事呢？「這樣真的很不好。在拉麵之前已經吃完一大攤宴會菜了，吃完拉麵回家還會直接倒頭就睡。」……確、確實如此呢。

那如果在吃法上多用點心思呢？「湯頭裡的鹽分含量過高，所以最好不要全部喝完。如果先從蔬菜開始吃，食物纖維會先抵達腸道，血糖就不會衝得太快。不過，想光靠改變拉麵吃法來調身體，效果也是有限的。」咦，醫師這話是什麼意思呢？「喜歡拉麵的人，一定會想把湯喝得一滴不剩對吧。如果是這樣，至少就以3天為1個單位，在這段時間內找回營養均衡。如果今天吃了拉麵，這幾天就要多吃蔬菜，並少碰油膩的食物。」原來如此，要靠拉麵以外的飲食來調整呢。

「畢竟都喜歡上拉麵了，我認為至少在吃拉麵的時候可以解放一下慾望，當下就好好享受跟品嘗。因為吃東西的愉悅，是美好人生不可或缺的要素。」真是一段擲地有聲的話。以上是醫師聆聽了拉麵愛好者心情後作出的回答。身體狀態也會影響味覺，為了能更美味地品嘗拉麵，讓我們一起努力維持健康吧。

情侶中負責倒水的人，從女性變成男性了。女性客人在數十年間，有了驚人的進化

這一篇的由來是我有次問某位店主：「開了這麼多年，你有觀察到客人的變化嗎？」他馬上回答我，以前情侶客來吃麵，女性倒水是理所當然的風景，但最近幾乎看不到這種女性，反而是由男性率先去幫忙倒水。

過去會獨自去餐飲店裡吃飯的女性屬於少數，如果吃的是拉麵，這個傾向就更明顯了。所以女性會給人一種「被人帶去吃飯的感覺」，在店裡才會需要很勤快地幫忙作這作那的。在我的學生時代，「牛丼」剛開始流行，當時的女友跟我提出「我想吃牛丼」，但是「在店裡吃感覺很丟臉，所以想要外帶」的想法。那時我才理解到「啊，原來女生也會想要大口大口地吃飯，但是這種怕羞感，會讓她們不敢走進店裡啊」。

說到以前會去拉麵店的女性客人，印象是，就算幾個人一起來，在所有人的拉麵沒有到齊之前，是沒有人會動手的。她們也不會發出聲音吸麵條，而是把麵放在調羹上小口小口地吃，吃完後會一邊喝水一邊漫長地閒聊。對女性而言這種作法應該是通用法則，但看在喜歡拉麵的我眼裡卻有點牙癢癢。不過反過來想，當時的拉麵店因為湯頭很油膩，會讓人擔心弄髒衣服，頑固老爹風格的臭臉老闆也看起來

很可怕，而且拉麵碗和大水壺都很重，這些都是對女性而言很負面的要素。

歷經歲月，最近的女性客人真的是變得非常爽快。拉麵店本身也帶有清潔感，變得更加時髦，讓人不再不敢踏入，店家還會考慮到女性客人的需求，準備髮帶或紙圍兜等道具。這想必是因為「一人食文化」讓獨自進食更為普及，加上「拉麵女子」等女性文化帶來的影響吧。精心打扮的年輕女性獨自來到店裡，把頭髮紮好後，爽快有勁地吸著拉麵，吃完就馬上走人……這畫面真的是太清爽了。剛下班身著套裝的女性，把煎餃當成下酒菜咕嘟咕嘟地喝著生啤酒，一邊吸著豚骨拉麵……也可經常看到這種工作後小憩的光景。

這是我一位女性朋友在油麵店點了大碗以後發生的事。那家店在上菜的時候，店員會大聲朗誦菜名，但店員發現她好像一副很害羞的樣子，於是就喊「讓您久等了，油麵！」故意沒講出她點的是大碗。我那朋友說她當時真的很高興。是個店員非常體貼的小故事。

拉麵電影的金字塔頂端《蒲公英》是所有拉麵愛好者、飲食愛好者必看的超名作

如果你是個喜歡拉麵，或者說喜歡吃的人，我有一部推薦必看的電影，就是伊丹十三導演的名作《蒲公英》（1985年）。我有它的DVD，幾乎是以每個月一次的頻率，看了至少150次，而且完全不會膩。

這部電影講的是眾人合力奮鬥下，讓一位寡婦經營的破舊拉麵店變成排隊名店的故事。以拉麵為主軸，劇中出現了各式各樣的料理，對「飲食」的喜悅、慾望、禮儀、虛榮、技術、探究心、諷刺、苦惱、執著、疑慮、親密……一段段故事從各種角度切入，這部電影有如塞滿了日、洋、中式料理的三層幕之內便當。

主演卡司包括山崎努、宮本信子、渡邊謙、安岡力也、役所廣司。其他還有加藤嘉、櫻金造、津川雅彥、黑田福美、井川比佐志、大瀧秀治、岡田茉莉子等知名演員，陣容非常豪華。是一部保證能從頭笑到尾的好片。

片頭的場景，是年輕的渡邊謙在讀書，並幻想書中內容的情境，但那本書其實是東海林禎雄老師的散文集。大友柳太朗飾演「拉麵的老師」，在渡邊謙的幻想中講解拉麵的正確吃法，但這些所謂的正確都是開玩笑的，不是要觀眾當真學習，而是笑點。

伊丹導演曾旅居世界各國，對各地的料理、飲食文化造詣深厚。他曾說過「一定要拍出能讓一生都沒離開過法國鄉下的老人，看完也會覺得有趣的日本電影」。據說《蒲公英》在美國首波上映時，只能在巷子裡的二輪片戲院播，卻因為大獲好評，讓戲院前大排長龍。

在ＤＶＤ附贈的花絮片段中，可以窺見製作過程的內幕。例如選擇拍攝用的餐具。榻榻米上擺滿的不僅是拉麵碗，還有西餐餐具、日式食器，種類從陶器到漆器都有；即便是只會出現一瞬間的畫面，也費盡時間和心思選擇。因為影像既聞不到香氣也吃不到味道，而且也不是拍美食節目，必須在故事中也能讓觀眾覺得「看起來好好吃！」正因如此，或許在某個意義上，他們比真正的拉麵店主還要認真。

人類從出生到死都不可避免的「飲食」行為。《蒲公英》是一部從多角度檢視飲食，並享受其樂趣的娛樂作品。請一定要看一次，看完你一定也會更喜歡吃東西這件事，甚至是更喜歡拉麵才對。至於要注意的，就只有看完肚子會很餓這點。

雖然都說拉麵的定義，無法單靠使用的食材和調理方法而定，但我偏要這麼定義——拉麵就是「不斷創新的麵料理」！

拉麵的定義，是一個很沈重的命題。使用摻了鹼水的「中華麵」、動物系湯頭、是否含有油脂……人們過去曾針對這些問題做了非常多討論，但無法完美套用這些定義的拉麵實在太多了。現在像是「店主說它是拉麵，它就是拉麵！」這種極端的言論，反而更能觸及問題的核心。拉麵就是有這麼多的變化，而且，其他麵類像是蕎麥麵、烏龍麵、義大利麵，指的都是麵條本身，唯有拉麵一詞，指的是麵條包含湯的狀態。這也是讓討論變得更複雜的一大要因。

從歷史上說，首先在橫濱・南京町（現在的橫濱中華街）提供的麵料理被稱為「南京蕎麥」，後來稱為「支那蕎麥」，因為一群沒同理心的日本人把「支那」當成污衊用語，於是改為「中華蕎麥」。這些都是說明性的命名，指南京町的蕎麥麵、支那（中國）的蕎麥麵，以及中華料理中的蕎麥麵。

說到頭，沒有人知道日文中「ラーメン（拉麵，Ramen）」一詞代表什麼意思。就算可以想像「メン」是麵條，卻不知道「ラー」是什麼。據說起源是札幌的「竹家

考察

食堂」，料理人王文彩在說了解時的「了」字，從昭和初期就開始這樣稱呼。也有人認為是中國「拉麵」的諧音，這是一種把揉好的小麥麵糰，用手拉扯成麵條的技法。關於拉麵一詞的發祥，說法非常多，但現在人們其實完全不在意語源究竟是什麼，理所當然地稱其為拉麵。

簡言之，在名稱從「中華蕎麥」變成「拉麵」的瞬間，拉麵就擁有了主體性。從○○蕎麥這種說明性的名稱，變成了「不知道什麼意思的名字」。例如明明叫「中華蕎麥」卻加了番茄，會給人什麼感覺呢？或以味噌為例，市面上幾乎沒有「味噌中華蕎麥」這種名稱，因為會給人一種違和感。正因為是謎一般的名字「拉麵」，所以才得以採納各種要素，不被固定形式束縛。就算麵條不加鹼水、使用烏龍麵或義大利麵的麵粉，或是只用魚介素材熬湯，甚至沒有湯，如果是「拉麵」的話，都可以被容許。

這種「沒有固定型態、經常產生全新樣貌的麵料理」，正是拉麵的定義。定義竟然是沒有固定型態，雖然這樣一來好像會讓結論變得有點曖昧，但這是我從拉麵命名為起點，自己推導出來的答案。前述的「竹家食堂」，就算把名字改成「拉麵」，據說客人還是叫了好幾年「支那蕎麥」。或許他們是害怕換了名字，就變成完全不同的東西吧。

日本拉麵年表～533年的歷史

室町時代

長享2年（1488）

▽在京都僧侶日記《蔭涼軒日錄》中，曾留下用「經帶麵」這種拉麵來款待客人的敘述。在2017年7月發表後，被認定為日本最早的拉麵。在其參考的中國古籍《居家必用事類》食譜中，明記了製作過程使用小麥粉和鹼水。

江戶時代

元祿10年（1697）

▽水戶光圀「從明朝儒學家・朱舜水那裡學了麵的作法，並自己作給家臣吃」（《日乘上人日記》）

直到2017年為止，這曾被當成最早的日本人食用拉麵紀錄。

安政6年（1859）

▽橫濱開港，並設置外國人居留地。其後興建了關帝廟、中華會館、學校，並成為後來的南京街、橫濱中華街原型。

明治

元年（1867）

▽神戶南京町（中華街）落成。

◈長崎開始稱呼「支那烏龍麵（支那饂飩）」為強棒麵（有其他說法）

5年（1872）

▽明治4年簽訂〈日清修好條約〉。「柳麵」開始擺攤。

◎東京「精養軒」創業。

12年（1879）

◎東京第一間中華料理店「永和齋」創業。

16年（1883）

▽東京開了「偕樂園」「陶陶亭」等支那料理店。（有一說是陶陶亭在大正8年創業）

17年（1884）

▽函館「養和軒」推出名為「南京蕎麥」的菜單，並在《函館新聞》登廣告。（日本首度的中華麵宣傳行為？）

◎橫濱「聘珍樓」創業。

32年（1899）

◎東京「維新號」創業。

◎神戶「神海樓」創業。

◎長崎「四海樓」創業。

◈「四海樓」初代店主陳平順發明了長崎強棒麵的原型（有一說是明治38年）。

36年（1903）

◎群馬・藤岡「小村（むらちゃん）」創業。

◎＝開店、創業、開分店、搬家　◉＝關店、歇業、引退、離世　☆＝浪潮、動態　▽＝歷史、話題　◈＝新菜色

◇＝市售的產品　㊌＝媒體相關　㊮＝活動相關

41年（1908）
◎神奈川「華香亭」創業。

43年（1910）
◎淺草「來來軒」創業（拉麵）。是日本第一家店面型的拉麵專賣店，東京拉麵元祖。～76年。店主是從橫濱稅關退休的尾崎貫一（當時52歲）。
▽淺草「來集軒」開始製麵業。

45年（1912）
◎御茶水「味之萬樂」創業。

大正

元年（1912）
◎兵庫・尼崎「大貫」創業。（在日文版成書的2021年，是日本現存最古老的拉麵店）

3年（1914）
◎東京・茅場町「新川大勝軒飯店」創業。

5年（1916）
◎栃木・佐野的洋食店「惠比壽食堂（エビス食堂）」創業（提供拉麵等品項）。
◎大阪「萬隆軒」開始擺攤。

6年（1917）
◎岐阜「圓胖子總本店（丸デブ本店）」創業。

7年（1918）
◎橫濱・曙町「玉泉亭」創業。
◎橫濱・本牧小牧町「奇珍樓」創業。

10年（1921）
◎福島・白河「龜源」創業，是白河拉麵的元祖（店主曾在橫濱學藝）。

11年（1922）
◎札幌北大正門前「竹家食堂」創業，店主是大久昌治，是札幌第一家拉麵店。料理人則是來自山東省的王文彩、李宏業。

12年（1923）
▽第一家由日本人經營的鹼水業者在橫濱與東京・深川開業。
◎仙台「志忍本店（士のぶ本店）」創業。

13年（1924）
◎福島・喜多方「源來軒」創業。創業者是中國浙江省出身的藩欽星，這家店也是喜多方拉麵的元祖。

13年（1925）
◎岡山「廣珍軒」創業。

昭和

元年（1926）
◎「銀座Aster」1號店創業。
◎札幌「芳蘭」創業。
◎喜多方「上海」創業。

2年（1927）
◎新潟「保盛軒」創業。

3年（1928）
◈元祖尾道拉麵：由從福建省來到日本，並住在尾道市內製麵所的人們開始製作。
◎橫濱「海員閣」創業。

4年（1929）

◎「萬福」在橫濱創業。（震災後，大正末期從麵攤起家）

▽王萬世加入札幌「松嶋屋Parlor」廚房，並推出拉麵菜單。

5年（1930）

▽東京1碗拉麵的價格是10錢。

◎王萬世開始在札幌向食堂、咖啡店批發自家製的麵條。狸小路4丁目的咖啡店「少爺」用這種麵條做拉麵，1碗15錢。

◎岡山「百萬元」創業。

◎佐野「寶來軒」創業。店主向「惠比壽食堂」學習手打麵技術，成為佐野拉麵的元祖。

◈橫濱「聘珍樓」發明「生碼麵」的原型。

6年（1931）

◎「泰明軒」從「西支那御料理處 泰明軒」分家出來獨立創業。（初期店名是一樣的）。「泰明軒」不只賣洋食，還賣中華料理，所以當時也有賣拉麵。

◎荻窪「春木家本店」創業。

◎喜多方「丸見食堂」創業。

7年（1932）

◎大阪・梅田阪急百貨開了「支那食堂」。

◎山形「榮屋本店」創業。

8年（1933）

▽東京1碗拉麵的價格是15錢。

10年（1935）

◎難波二三夫在東京・錦糸堀開了麵攤「貧乏軒」，後來成為「Hope軒」。

◎秋田・十文字「丸玉食堂」創業。

◎北海道・釧路「銀水」創業。

12年（1937）

◎福岡・久留米開了第一家拉麵店「南京千兩」（站前麵攤），店主是曾在橫濱南京街學藝的宮本時男。

◈仙台・錦町「龍亭」推出針對夏日・七夕祭典的商品「中華涼麵」。

◈仙台「龍亭」發售涼拌麵（中華涼麵的原型）。

13年（1938）

◎中國浙江省出身的徐永俤在京都開始擺攤賣麵（後來成為「新福菜館」）。

◎岐阜・飛驒高山「真砂蕎麥」創業，開始擺攤。

◎岩手・盛岡「高見屋（たかみ屋）」創業，開始擺攤。

14年（1939）

◎京都「中華之堺（中華のサカイ）」創業。

15年（1940）

◎和歌山「丸高（丸高中華蕎麥）」創業，以麵攤形式開始營業。

◎博多麵攤「三馬路」創業。

16年（1941）

▽戰爭讓全國實行配給制，拉麵的製造販售一度中止。

◎廣島拉麵的元祖「上海」開始擺攤營業（昭和25年開設「段原食堂」店面）。其他麵攤也發展蓬勃。

20年（1945）

▽迎接終戰，拉麵攤在黑市盛行。

◎＝開店、創業、開分店、搬家　◉＝關店、歇業、引退、離世　☆＝浪潮、動態　▽＝歷史、話題　◈＝新菜色
◇＝市售的產品　㊈＝媒體相關　㊬＝活動相關

21年（1946）

▽東京1碗拉麵的價格是20錢。

◎拉麵攤在札幌遍地開花。包括「龍鳳」的松田勘七、「達摩軒」（昭和22年）的西山仙治（「西山製麵」創業者）

◎名古屋「壽賀喜屋」開業。

◎博多「紅暖簾」開業，創業者是津田茂。1984年「元祖紅暖簾阿節拉麵」開張。

▽在麥克阿瑟的建言，以及請願遊行影響下，美國開始提供大量的小麥救援物資。

22年（1947）

◎廣島・尾道「朱華園」開始擺攤營業（1967年建了店面），創業者是壇上正儀。

◎福岡・久留米「三九」的店主杉野勝見，因為外出時的偶然失誤，而作出了「白濁湯頭」。

◎「第一旭」以名為「旭食堂」的洋食店形式創業（1956年改名）。

◎京都「桝谷（ますたに）」開始擺攤（1949年開了店面）。

◎荻窪「漢珍亭」創業（當時的店名為「丸仁」）。據說是第一家加入水煮蛋的元祖。

◎北海道・旭川「蜂屋」「青葉」創業。

◎喜多方「誠食堂（まこと食堂）」創業。

◎鹿兒島「登屋（のぼる屋）」創業。創業者道岡綱曾在橫濱當護理師，當時從中國人那裡學到拉麵的作法。

◎昭和22~23年，橫濱「玉泉亭」開始提供元祖三碼麵。

23年（1948）

◎荻窪「丸長」創業（當時的店名為「丸仁」）。

◎銀座「東興園」創業（小津安二郎的愛店）。

24年（1949）

◎荻窪「春木屋」創業（前一年就已開始賣）。

25年（1950）

◎札幌「味之三平」創業，店主是大宮守人。

◎淺草「來集軒」從製麵所轉型為飲食店，並開始營業。

▽漫畫《海螺小姐（サザエさん）》從1948年開始把「支那蕎麥」改成「中華蕎麥」。

26年（1951）

◎松田勘七把麵攤移到東寶公樂旁的市場裡。這裡集結了札幌的拉麵攤，並形成「元祖札幌拉麵橫丁」的前身「公樂拉麵名店街」。

◎東京・笹塚「福壽」創業。

27年（1952）

◎東京・大森「中華料理 喜樂」創業。

◎澀谷「喜樂」創業。與右述的店家同樣系出「喜樂大飯店」。

◎山口「紅蘭」創業，這裡是下松牛骨拉麵的元祖。

◈山形「榮屋本店」店主阿部專四郎，在客人前一年的要求下開發「冷拉麵」並開賣。

28年（1953）

◎札幌「達摩軒」的西山孝之，把製麵部獨立出來，開立了製麵工廠。

◎東京・蓮沼「武田流 古式咖哩

飯 支那蕎麥 印第安（武田流 古式カレーライス 支那そば インディアン）」創業。店主是武田金藏。

◎大阪「光洋軒」創業，是高井田系的元祖。

◎福岡「元祖長濱屋」以麵攤形式創業。店主是榊原松雄、清子夫妻。

29年（1954）

◎吉祥寺「Hope軒本舗」正式法人化。

㊐《生活手帖（暮しの手帖）》作者花森安治向《週刊朝日》投稿〈札幌—拉麵之城〉。

30年（1955）

◈札幌「味之三平」的大宮守人著手開發味噌拉麵（在松田勘七的協力下）。

◎「好味食堂（味よし食堂）」在福島・會津若松創業。

◈中野「大勝軒」的山岸一雄，以員工餐為靈感發明蘸麵，並正式菜單化。

◎東京・永福町「永福町大勝軒」創業。

◎東京・武藏境「珍珍亭」開幕。◈1957年發明油麵。

◎位於福岡・博多區大濱的魚市場遷移到中央區長濱，「元祖長濱屋」「一心亭」等拉麵店也跟著搬家。

◈福岡「元祖長濱屋」發明加麵的替玉模式。

31年（1956）

◎大井町「永樂」創業。

◎銀座「中華蕎麥共樂」創業。

◎青森「丸會拉麵（まるかいラーメン）」創業。

◎大阪「住吉」創業。

32年（1957）

◎廣島「陽氣」創業。

33年（1958）

◇日清食品（當時名為SUNSEA殖產）的安藤百福，將世界第一款速食拉麵「雞汁拉麵（チキンラーメン）」商品化，當時1包35日圓。

◎喜多方「坂內食堂」創業。

◎山形・赤湯「龍上海」創業。

◎中野「榮樂」創業。

◎早稲田「梅西」創業。

◎廣島「雀」創業（2015年歇業，隔年以「中華蕎麥壽壽女」名號復活）。

34年（1959）

◎箱根湯本「味一」開店。▽首家進入首都地區的北海道拉麵。

◎八王子「初富士」開店。◈元祖八王子拉麵。

35年（1960）

◈札幌「味之三平」的大宮守人，完成了味噌拉麵（味噌味麵）的開發。

36年（1961）

◎山岸一雄從中野獨立，在東池袋開了「大勝軒」。◈從創店起就提供「特製盛蕎麥」。

◎「道產子」創業（當時店名為「餃子飯店蔦屋（餃子飯店つたや）」）。

37年（1962）

◎札幌「熊先生（熊さん）」創業，店主為大熊勝信。

38年（1963）

◇ACECOOK的「即席雲吞麵」上市。

▽由札幌的9家製麵所組成了札

幌拉麵製造協同組合。

39年（1964）

☆湯麵風潮。

◎札幌「純連」創業（中之島。曾一度歇業，並於昭和58年在中央區南11條重新開張）。

◈札幌「華平」店主川西寬明發明在拉麵裡加奶油的吃法。

◎銀座「味助」創業。

40年（1965）

▽在東京與大阪的高島屋舉辦「北海道物產展」，現場販售味噌拉麵。

▽東京開了第一家札幌拉麵（上野）。

☆首都地區吹起味噌拉麵熱潮。

41年（1966）

◇三洋食品發售「札幌一番醬油味・鹽味拉麵」。

◇明星食品發售「拉麵道（チャルメラ）」。

◎東京・神保町「Sabu Chan」創業。◈半份炒飯拉麵套餐的元祖。

◎「中華東秀」在9月創業（由東秀有限公司成立），10月在千歲船橋的中華料理店「東秀」開幕。

◎名古屋「萬珍軒」從麵攤起家。◈1968年開賣「蛋花湯拉麵」。

◎德島「猪谷」「廣東」幾乎在同時期創業。

◎東京・築地「井上」創業。2017年8月因火災燒毀。

42年（1967）

◎1966年創業的「北國」開始推廣「道產子」的連鎖化（4年開了500家店，全盛時期共有1200家分店），1號店位於東京・兩國。

◎京都「餃子王將」創業（12月25日）。

43年（1968）

◎函館「豆先生（マメさん）」創業。

◎高田馬場「蝦夷菊」創業。

◇三洋食品發售「札幌一番味噌拉麵」。

☆味噌拉麵風潮擴散到全國。

◇日清食品發售「出前一丁」。

◎「中國料理 中本」（「蒙古湯麵中本」的前身）開幕（9月）～1998年12月。

◎東京・都立大學「拉麵二郎」創業（當時寫作「次郎」）。

◎草野光男在東京・綾瀨站前開了烏龍麵、蕎麥麵專賣店，成為「車屋拉麵（くるまやラーメン）」的前身。

◎福岡的麵攤「小金」創業（炒拉麵的元祖）。

44年（1969）

◇速食麵界開始出現非油炸麵體。

◎遵循淺草「來來軒」模式，「進來軒」在千葉・稻毛創業。

▽隨著札幌奧運的道路拓寬工程，「公樂拉麵名店街」遭到拆除。

45年（1970）

（媒）《週刊少年JUMP》上開始連載〈突擊拉麵〉（作者為望月三起也）。

46年（1971）

◇日清食品發行史上第一款杯麵「CUP NOODLE」（9月18日）。1個要價100日圓。
▽札幌「元祖札幌拉麵橫丁」竣工。
◎京都「天下一品」的前身麵攤創業，店主是木村勉（1975年正式開了店面）。
◎「拉麵二郎」搬到三田，並從「次郎」改名為「二郎」。

47年（1972）
▽淺間山莊①事件發生，◇電視上播出鎮暴警察隊員在吃杯麵的畫面。
◎由製麵業者創立的「元祖中華蘸麵大王」創業（年代不確定）。

①1972年2月19日，由日本新左翼組織「聯合赤軍」殘黨5名，狹持人質佔領長野縣輕井澤度假設施「淺間山莊」的恐怖攻擊事件。

48年（1973）
◎白河「虎食堂」創業。

49年（1974）
◎橫濱「吉村家」創業。並成為家系的元祖。
◎福岡「元祖長濱屋」從麵攤轉為店面營業。
◎長崎「長崎強麵（長崎ちゃんめん）」（後來的Ringer Hut）創業。

50年（1975）
☆首都地區吹起京都風拉麵熱潮（並非指京都的在地特色拉麵）。
▽札幌「龍鳳」的店主松田勘七被選為「札幌市拉麵店味之會」的初代會長。
◎京都「天下一品」設立店面（成立「天一商事」公司則是1981年11月16日）。
◇三陽食品推出「札幌一番Cup Star醬油口味」。
媒 日本首本拉麵指南書《拉麵之書》（大門八郎著、胡麻書房出版）上市。

51年（1976）
◉淺草「來來軒」完全關店。
◎「一条流頑固拉麵」掌門人一条安雪，在札幌首度創業開店（高田馬場是1982年才開的）。
◎福岡「小福拉麵（ふくちゃんラーメン）」創業。店主是首創在店內放壓蒜器的福吉光男。1980年店面交由親戚榊順伸繼承。
▽中華麵的生產量首度超越蕎麥麵和烏龍麵。

52年（1977）
☆第一波蘸麵熱潮。
◎東京・濱田山「吞吞亭」創業，其後成為「吞吞系」之祖。
◇好侍食品推出即食的「蘸麵」（廣告由漫畫家原平操刀）。

53年（1978）
◎東京・杉並「拳骨屋（げんこつ屋）」創業。

56年（1981）
◎京都「天下一品」成立公司「天下良品商事」（11月16日）。

57年（1982）
◎大阪「金龍拉麵」創業。
媒 山本義博推出日本首冊《米其林指南》形式（星星評分）的美食書《東京味覺排行200》（講談社出版）。書中共有45家拉麵店（其中27家得星）。

58年（1983）

◎始於東京・四谷麵攤（昭和36年）的「支那蕎麥屋 紺屋」開了店面（2011年搬到附近）。

◉戰後致力於札幌拉麵創生工作的松田勘七逝世。

59年（1984）

☆博多拉麵熱潮。

◎築地「小福」創業。

◎秋葉原「九州Jyangara拉麵（九州じゃんがらあめん）」創業（2年後開了原宿店）。

◎成增「中華麵處 道頓堀」創業（10月6日）。

60年（1985）

☆荻窪的東京拉麵創造熱潮。「春木屋」「丸福」等店一躍成名。

◎博多「博多一風堂」創業。

61年（1986）

◎町田開了「Bamiyan」1號店（鶴川店，4月）。隔年Skylark創立子公司。

◎神奈川・鵠沼海岸「支那蕎麥屋」創業（8月6日）。

62年（1987）

☆喜多方拉麵熱潮。

▽喜多方成立「倉庫之城 喜多方老麵會」。

◎「Nandenkanden」在東京・世田谷的環七沿線創業（7月8日），成為正式引爆豚骨拉麵浪潮的要角。店內採用在海苔上印字或圖案的印刷海苔（專利）。

◎札幌「純連」創業（南區澄川，長男村中教愛的店）。

◎東京・町田「大文字」創業（12月）。

◎福岡「名島亭」創業。

63年（1988）

☆佐野拉麵熱潮。

◇ACECOOK「超級叉燒拉麵 生醬油風味」上市，同時也推出味噌、豚骨口味。

平成

元年（1989）

▽杯麵生產量首度超越袋裝速食麵。

◎札幌「純連」（現店名為「菫」）創業（中之島，三男村中伸宣的店）。

◎札幌「平成軒」創業。

◎吉祥寺「一二三」創業（◉2011年10月歇業）。店主為飲食企劃家匠Yuji。

◎目黑「勝屋」創業。

2年（1990）

☆豚骨背脂拉麵熱潮。

◎東京・初台「拉麵一福」創業。

3年（1991）

◎東京・町田「雷文」創業（4月2日）。

◎淺草「Yoroi屋（与ろゐ屋）」創業（7月7日）。

4年（1992）

◇日清食品「日清拉王」上市（生麵）。

◎東京・葛西「千秋屋（ちばき屋）」創業，店主是作日式料理出身的千葉憲二。◎被視為在拉麵裡加半熟蛋的元祖。

(媒)「電視冠軍・東京拉麵選手

權」（第1屆）播出（5月21日）。優勝者為中村匠一。

(媒)「電視冠軍・第2屆拉麵王選手權」播出（12月24日）。優勝者為武內伸。戰到決賽的菊地英之後來開了「花之季」，飯倉洋孝則開了「Zenya」。

6年（1994）

▽「新橫濱拉麵博物館」開館。

☆並成為引領在地特色拉麵風潮的領導者。（開館當時的店家為：堇、六角家、小紫、野方Hope、拳骨屋、博多一風堂）。

◎札幌「山櫻桃」「五丈原」創業。

7年（1995）

◎「拉麵車站」創業。（2004年2月28日歇業），店主為純連創業者村中明子與兩位妹妹。

(媒)電影《蒲公英》上映（11月23日）。導演為伊丹十三，主演陣容包括山崎努、宮本信子、役所廣司等。

(媒)「電視冠軍・第3屆拉麵王選手權」播出（11月23日）。優勝者為石神秀幸。

8年（1996）

☆人稱96年組的「店主特色拉麵」先驅店開張。這些店家在味道、裝潢、待客之道等層面，都對後來的拉麵店產生重大影響。

◎青山「麵屋武藏青山」創業（5月14日）。

◎橫濱・中心北「拉麵 鯨軒」創業（5月2日）。

◎中野「中華蕎麥 青葉」創業（10月12日）。

◎與前述3家店必須一起討論的包括「中華蕎麥 多賀野」（4月20日）「柳麵（Chabu屋」（10月1日），也都在這年創業。

9年（1997）

☆旭川拉麵熱潮。

☆油麵熱潮。

◎札幌「拉麵鐵屋（らーめんてつや）」創業。

◎神奈川・秦野「Nantsu亭」創業（9月17日）

(媒)「電視冠軍・第4屆驅散暑熱！拉麵王選手權」播出（8月14日）。石神秀幸成功連霸。石神在節目最後說出「町棒（まっち棒）」是他心中的第一名，讓和歌山拉麵受到世人關注。

10年（1998）

☆和歌山拉麵熱潮。10月「井出商店」在拉麵博物館開店，並創造動員紀錄。

☆在地特色拉麵熱潮。

☆家系拉麵熱潮。

(媒)「電視冠軍・新北海道拉麵誕生 史上最強拉麵職人決戰！！」播出（第2屆拉麵職人選手權，1月22日）。節目於北海道・松前町錄製，並由「博多一風堂」的河原成美獲得優勝，其後更締造3連霸紀錄。

◎新宿「麵屋武藏」開店（5月15日），馬上成為爆發性的人氣店家，連日大排長龍。

11年（1999）

☆鹽味拉麵熱潮。（世紀末的鹽味拉麵浪潮）

▽躋身超人氣店家的和歌山「井出商店」獲頒和歌山縣政府的感謝狀。

(活)新橫濱拉麵博物館舉辦讓一般民眾票選期間限定店的「激突！拉麵登龍門」活動（3月28日）

◎＝開店、創業、開分店、搬家　●＝關店、歇業、引退、離世　☆＝浪潮、動態　▽＝歷史、話題　◈＝新菜色

◇＝市售的產品　(媒)＝媒體相關　(活)＝活動相關

◎東京・湯島「拉麵天神下大喜」創業（6月14日）。
◎埼玉・新座「Zenya」創業（8月21日）。
◎神奈川・高座澀谷「中村屋」創業（9月9日）。☆年輕世代店主們的活躍開始廣受關注。

12年（2000）
☆店主特色拉麵正式浪潮化。
◎受到中野「青葉」影響的店家如雨後春筍般出現。☆此現象被稱為「青葉Inspire系」。
◎東京・上板橋的「中國料理中本」（1998年12月歇業），以「蒙古湯麵中本」重新出發（2月）。
◎埼玉・本川越「頑者」創業（10月1日）。
◎東京・駒澤大學「世田谷屋」創業（10月18日）。

◎東京・梅島「田中商店」創業（12月20日）。

13年（2001）
☆第二波蘸麵浪潮。（新世紀的蘸麵熱潮）
㊣在TBS電視台節目《認真輸贏！（ガチンコ！）》中，佐野實擔任講師的單元「認真輸贏拉麵」播出。
☆拉麵綜合設施在全國各地開始增加。
◎函館「豆先生」重新開張（4月5日）。雖在1985年歇業，於2000年重新在新橫濱拉麵博物館復活。
▽狂牛症（BSE）問題發生，使用牛骨的店不得不改變味道或歇業。

14年（2002）

▽日清食品創業者安藤百福獲頒勳二等旭日重光獎章。
☆受蘸麵浪潮影響，自家製麵的店家開始變多。（同時也吹起了讚岐烏龍麵熱潮）
☆濃厚魚介豚骨拉麵抬頭。除了「渡邊」，「俺之空」在電視節目中奪冠，變身排隊名店。

15年（2003）
☆設計師系店鋪不斷擴張。
☆以「五行」為首，許多高級拉麵餐廳登場。
☆從這一年到隔年為止，全國各地開幕了30家拉麵綜合設施。

16年（2004）
☆魚介系拉麵熱潮（甚至出現不使用動物性食材的店家，例如「拉麵能登山」等）。
▽「新橫濱拉麵博物館」10週年。荻窪「春木屋」開設分店。
☆水戶的在地特色拉麵「精力涼麵」在東京都內登場（經堂「虎」）。
◎秋田・角館的「伊藤」進軍東京都內，成為其後煮干拉麵發展的先驅。

17年（2005）
☆雞白湯拉麵熱潮（從前1年左右，就開始有許多店家將其加入菜單中，也出現很多專賣店）例如「有明」「丸玉」「三步」等等。
◎東京・大崎「六厘舍」創業（4月18日）。
☆受「頑者」影響，越來越多店家開始使用魚粉。
◎石神秀幸負責池袋「道樂」的翻新企劃，改名「麵屋海神」，鮮魚系拉麵就此誕生。

㊖TBS電視節目《麵王》播出（石神秀幸監修）。「博多一風堂」河原成美獲得優勝，成為第1屆麵王。

18年（2006）

☆二郎熱潮、二郎Inspire系熱潮出現正式化的兆頭。（例如「辰屋」「麵照」等店）

◈石神秀幸提倡「W Taste」。

◎千葉・松戶「中華蕎麥 富田」創業（6月）。

19年（2007）

☆無湯拉麵風潮（拌麵）。例如「拉麵二郎 橫濱關內店」「Junk Garage」等。

☆與此同時，石神秀幸也開始提倡「Soup OFF」

◉「東池袋大勝軒」隨著都市更新計畫而歇業，創紀錄的大排長龍，甚至引來媒體直播。

20年（2008）

☆濃厚魚介蘸麵風潮。

◈石神秀幸提倡「花椒」的價值，乘上無湯拉麵的風潮，擔擔麵重新獲得關注。

◎「東池袋大勝軒」遷移到附近重新復活。

◎東京・南阿佐谷「RAMENCiQUE」創業。

◉拉麵評論家先驅武內伸因為肝硬化離世（7月13日），享年48歲。

21年（2009）

☆清湯系的新店廣受矚目。◎例如「拉麵元」「西尾中華蕎麥」等店。

☆濃稠系拉麵風潮。

☆VEGE-POTA（Vegetable Potage）受到關注。

▽英國《衛報》的〈世界必吃50種料理〉中，「拉麵二郎」進榜。

㊡「第1回拉麵檢定王選手權」（2008年11月筆試預選）

22年（2010）

☆湯麵風潮。例如「大寶」等名店，以及◎「濃菜麵井之庄」（2009年創業）、「鄰」等新開店。

☆肉拉麵風潮。例如「青島食堂」進軍東京都內，以及◎「肉蕎麥啟介」「麵屋宗」等新店。

☆二郎風潮、二郎Inspire系持續發酵。

◎京都「無鐵炮」首度進軍東京都。蘸麵「無極」也幾乎同時開幕，成為這一年最大的話題。

☆「一風堂」「啟介」「氣難家」等名店的副牌相繼竄紅。

㊖朝日電視台節目《拜託了！排名》中，繼拉麵官僚之後，出現了拉麵女大學生。

23年（2011）

▽受到東日本大震災影響，全國各地拉麵店紛紛發起慈善募款與愛心供餐活動。

☆牛拉麵熱潮（「鬥牛士」「道玄」，以及各家的期間限定菜單等等）開始。

☆「脫叉燒」開始流行（燒肉、牛排、炸白肉魚等配菜）。

◎「一条流頑固拉麵總本家」從早稻田搬到四谷三丁目而復活。

◎東京・秋葉原「饗 黑㐂」創業（6月20日）。

☆進軍東京都內的佐賀拉麵、別府冷麵等九州在地特色拉麵引發話題。

▽「安藤百福發明紀念館」、通

◎＝開店、創業、開分店、搬家　◉＝關店、歇業、引退、離世　☆＝浪潮、動態　▽＝歷史、話題　◈＝新菜色

◇＝市售的產品　㊖＝媒體相關　㊡＝活動相關

稱「杯麵博物館橫濱」開館（9月17日）。

◎麵町「空之色 Japanese soup noodle freestyle」創業。☆蔬菜麵引發關注。

24年（2012）

☆煮干拉麵熱潮正式化。

☆東京都內那些曾在名店學藝的新開店造成話題（◎「蔦」「鳴龍」「Hulu-lu」「那奈」等等）。

(活)各地持續舉辦東日本大震災的復興活動。

(活)歌舞伎演員中村獅童與「麵屋Bar渦」的店主大西芳實跨界合作，在片瀨海岸舉辦「湘南獅龍麵」（7月21日）。

◉環七的「Nandenkanden」因為客人亂停車，在鄰居的投訴下歇業。（11月6日）

◉在宮城・歌津持續支援復興的「青空食堂」（由「拉麵屈」經營）歇業。（11月20日）

25年（2013）

☆日式蕎麥麵系拉麵勃興（「蔦」「空之色」「饗 黑㐂」「潮」「篝」等店）。

◎「山口」「柴田」「Toy・Box」「杉本」「四葉」等名店接連開幕。

▽全日空在歐美航線開始提供一風堂的「空麵」（6月）。

(媒)電影《比拉麵更重要的東西～東池袋大勝軒50年的秘密～》上映（6月8日）。

◎「拉麵家69'N'ROLL ONE」從町田搬到赤坂，經營型態也改變了（◉隔年4月歇業）。

(活)「蒙古湯麵中本」在「激辛美食祭」中開店。

26年（2014）

☆台灣拌麵風潮（元祖「麵屋花火」及特別企劃店、Inspire、既有店的限定菜色等）。

☆使用鴨素材的店增加（「饗 黑㐂」「柴田」「九代目啟介」「蔦之葉」等等）。

☆以東京都內為中心，資本系的家系店家爆發性增長（「町田商店」「壹六家」「魂心家」等等）。

☆提供刨冰的店舖變多了。

(活)在法國舉辦「巴黎拉麵週PARIS RAMEN WEEK ZuZutto」，連日出現排隊盛況（1月20日～25日）。參加店（空之色、IKEMENHOLLYWOOD、RAMEN LABO、千萩屋、博多一風堂、虎食堂）合計賣出4000碗。

◉東京都內的名店相繼歇業。「林家」（2月28日）、「麵屋後藤」（遷移，4月29日）、「弁天」（6月28日）。

▽「道產子」與經營「博多一風堂」的「力之源COMPANY」合作，進行品牌重塑。

◉「支那蕎麥屋」店主佐野實因器官衰竭離世（4月11日），享壽63歲。

◉拉麵評論家北島秀一因膽管癌離世（9月1日），享年51歲。

27年（2015）

(活)全國各地舉辦許多拉麵活動，例如「激辛美食祭」「大蒜天堂」等。

◉「東池袋大勝軒」店主山岸一雄因心臟衰竭離世（4月1日）。享壽80歲。7日守夜、8日告別式。

◉廣島「雀」歇業。（4月30日）

(媒)電視劇版《愛吃拉麵的小泉同學》（6月27日）開播。全劇共

4集，於富士電視台播放，主演為早見朱莉。

◉眾多名店歇業。「丸家」（3月15日）、「天華」（4月18日）、「拉麵生郎」（4月中旬）、「麵處久留里」（8月31日）、「久保田」（9月14日）、「拉麵山田」（9月30日）。

▽福岡「博多一風堂」迎接創業30週年，改名為「一風堂」。

▽拉麵搜尋引擎「Ramen Bank」結束營運，並整合進拉麵資料庫中（11月30日）。

(媒)Youtuber「SUSURU」開始經營「SUSURU TV」頻道。（首次上傳影片為11月6日）。

(媒)《米其林指南東京２０１６》中，「Japanese Soba Noodles蔦」成為全世界首家摘下1星的拉麵店。

◉以「全日本最難吃的拉麵店」聞名的「彥龍」前店主原憲彥離世（12月1日，並於12月3日被發現）。

28年（２０１６）

☆隨著「蔦」摘下米其林1星，高創意性的拉麵風潮開始加速，也出現模仿他們加入松露油的拉麵店。

(活)「拉麵女子博２０１６」舉辦（3月17日～21日）。

(活)町田Shibahiro Page舉辦「拉麵最強Fes.」（3月31日～4月3日）這是在「大蘸麵博覽會」加入拌麵類店家的衍生活動。

◎台場「東京拉麵國技館舞」開幕（4月22日）。

▽熊本震災，全國各地的拉麵店趕到現場提供愛心餐，並舉辦慈善募款活動。

☆在東京拉麵秀上，日本拉麵協會發起「日本拉麵粉絲俱樂部」（名譽會長為林家木久扇師匠）。

(媒)《米其林指南東京２０１７》（11月29日發表、12月2日上市）中，繼「蔦」後，「鳴龍」也獲得1星。

29年（２０１７）

☆擔擔麵形成低調的風潮。專賣店和店內開始賣擔擔麵的店變多了，或許是受到「鳴龍」「金時」的影響，包括「京紫燈花繚亂」「辻田」「六坊擔擔麵」等。

☆基本菜單就超過1000日圓的新店登場，包括「MENSHO」（創業於２０１６年12月23日）、「山雄亭」（1月12日）。

▽經營「博多一風堂」的力之源控股公司在東京證交所新興市場上市。（3月21日）

◎錦糸町「麵魚」創業（4月29日）。

(活)舉行「西武線沿線拉麵接力賽２０１７」（6月1日～7月14日），這是西武鐵道免費刊物《cocotto》的1週年紀念活動。

▽舉辦美食活動「Gourmenpic」的公司大東物產，5名幹部被捕（6月3日）。向全國餐飲業者吸金1億３０００萬日圓後惡意倒閉，這家公司從前1年年底就以詐欺目的招商。

▽「一蘭」在台灣的首家分店開幕（6月15日）。由於採24小時營業，開幕２５０小時內始終在排隊。買了高額伴手禮後就能不用排隊的「First Entry」服務制度引發批判。

(活)「日本拉麵粉絲俱樂部」將7月11日定為「拉麵之日」，當日舉辦活動「由１００人製作１００人份的巨大拉麵」。

▽新橫濱拉麵博物館發表了在室

町時代文獻《蔭涼軒日錄》中，記載著稱為「經帶麵」的拉麵（7月14日）。此歷史證據顛覆了過往認為「日本第一個吃到拉麵的人是水戶光圀」的定論。

◉築地「井上」起火（8月3日、6時50分），並引發連燒7棟的火災，火勢在15個小時後被撲滅。失火原因是線路老舊引起的電線走火。

☆「野郎拉麵」推出「一日一碗！野狼拉麵生活」（11月1日），是每月付8600日圓，就可無限吃拉麵的訂閱制服務。

◉神保町「Sabu Chan」歇業（11月）。半份炒麵拉麵套餐的元祖，51年的歷史就此謝幕。

30年（2018）

媒 動畫版《愛吃拉麵的小泉同學》首播（1月4日），總共12集，於TOKYO MX電視台播出。

◉新宿・回憶橫丁「若月」歇業（1月22日），70年的歷史劃下句點。

媒 電影《RAMEN HEADS》上映（1月27日）。

媒 電影《想吃拉麵！》上映（3月3日）。

活「日本拉麵粉絲俱樂部」在立川拉麵廣場辦活動（7月11日）。

◉「永福町大勝軒」創業者草村賢治逝世（8月3日），享耆壽90歲。

▽經營「町田商店」的Gift股份有限公司在東京證交所新興市場上市（10月19日），2020年變更市場，在第一部市場上市。

◎「銀座 八五」創業（12月8日）。

媒「金色不如歸」在《米其林指南東京2019》中摘下1星。

令和

元年（2019）

◉「大勝軒」（喜多見）「蓬萊軒」（新檢見川）「小林」（不動前）等名店接連歇業。

活「日本拉麵粉絲俱樂部」與日清製粉合辦拉麵之日活動（7月11日）。

2年（2020）

活「大蘸麵博覽會」「東京拉麵秀」「TRY拉麵大賞嘉年華」「松戶森廣嘉年華」同期舉辦（10月3日~11月4日）。

▽新冠肺炎疫情從3月開始加劇，全國要求民眾避免非必要外出及自主停業管理，重創餐飲業。

▽店家導入防疫對策，如戴口罩、消毒酒精、設置隔板、減少座位數、開放入口等措施。

▽比照其他類型的飲食店，拉麵業者開始活用Uber Eats等外送平台、線上網購、鼓勵外帶等方案。

▽疫情中「正義魔人」對仍在營業的餐飲店進行辱罵、扔石頭等惡意行為。

◎日比谷美食Zone開設了綜合設施「Ramen Avenue」（「中華蕎麥 福森」「金澤味噌拉麵 神仙」「博多新風」，7月9日）。

◎所澤櫻花城「拉麵Walker Kitchen」開幕。是由知名店主掌勺的預約型店鋪（11月6

日）。

3年（2021）

▽前1年的疫情持續延燒，各地採取防疫對策，更高規格的警戒，要求餐飲業者停賣酒類、縮短營業時間。

☆稱為「Neo Classic」的回歸原點拉麵在東京都內增加。除了「Chan系」連鎖店外，還有藉此改變品牌路線的名店。

☆精力系拉麵引發話題。例如「元祖精力滿點拉麵 鈴鬼」「中華蕎麥 多多味」等店。

☆拉麵自動販賣機（冷凍拉麵）變多了，銷量也持續成長。

◎「環二家」（神奈川）、「王道家」（千葉）等家系的名店首次進軍東京都內，引發話題。

◇「一風堂」在JR東日本的站內自動販賣機開賣「罐裝豚骨湯」。

㊙「銀座八五」在《米其林指南東京2022》中摘下1星。

※關於現代的部分或許較為單薄，這也是沒辦法的，這是因為過去的店是在創業之後，歷經了數十年的歷史，並在其他店家的模仿致敬下，才得以成為代表當地的拉麵，或是形成一大分類等等……當時沒有人能想到他們會有這般成就。現在被略過的店，在未來的某一天，也不是沒有可能變成名留青史的名店。老店的草創期，沒人想過有朝一日會變成珍貴的史料，所以幾乎沒有留下書面資料，因此只能以「有諸多說法」概括。

［跋］

為了磨練對味道的見識和尺度所寫的書

石黑謙吾（本書日文版企劃、編輯）

在我人生的第60年，竟然改變了拉麵吃法，原因是讀了正在編輯中的本書第106頁原稿。他竟然寫道「麵條該從碗的哪裡『拔』起來？」這份發想太具震撼性，讓我忍不住馬上動手實驗。確實依照位置不同，風味真的會不一樣。此外，隨著我意識到麵的味道會隨著冷卻而逐漸變化，吃麵的興趣和樂趣也變得更多了。如果閱讀此書的各位也能跟我有一樣的感想，那就太開心了。

我與青木是在他大學剛畢業打工的店裡認識的，當時我因為協助內容企劃而經常出入那家店。在那之後，他也在社群平台上一路看著我深陷拉麵泥沼（湯？）的模樣。在2020年的春天，我草擬出本書的企畫而聯絡了他。開完會並幫他調整了方向後，青木提出了本書的大綱，我們開始執行企畫，但卻沒能找到幫他出版的出版社，在光文社的樋口健先生爽快答應之前，總共碰壁了30家以上，本書差點難產。

我雖然喜歡拉麵，但還不至於到會四處查資料試吃的程度。話雖如此，但當然也會有一顆想要追求美味拉麵的心。也因為這樣，我一直想找到可以磨練關於味覺的見識和尺度，並從類型、歷史等多個角度解說的參考讀物，可卻也意外地找不到。既然如此，那就自己編一本好了，這就是本書的起點。順帶一提，這本書的日文版書名《拉麵作為一種教養》，是整本書的企畫執行完畢後，在編輯時靈機一動想到的。

在我的童年時代，還沒有拉麵專賣店這種類型的店家，在我的故鄉金澤市內，要在外頭吃拉麵，必定是去連鎖的町中華「中（チュー）」。我上國中後出現了拉麵專賣連鎖店「8番拉麵」，在那裡第一次吃到鹽味奶油拉麵的興奮感，至今我還記得清清楚楚。拉麵對我而言，曾經就是範圍如此狹隘的食物。1979年我搬到東京以後，在「桂花」「Hope軒」受到了濃郁層面的洗禮，其後也在「青葉」「吞吞亭」「林」等店感受到其他層面的深度，而澀谷辦公室大樓的1樓開了「凜」後，我也迷上了酸橙醋的魅力，並一路親身見證不斷發展得無邊無際的日本拉麵界，直到今天。雖說如此，我也只能算是個離拉麵迷還很遠的門外漢罷了。

這樣的我，之所以會開始把拉麵當成一種知識，起因是2001年負責企劃、編輯的《拉麵騎士出發！》（ラーメンライダーが行く！，林英男著，由X-Knowledge出版），這也是本書的參考文獻之一。下北澤酒吧「裡窗」的老闆林先生因病倒下，2019年去了天國。在我心中，想要把本書獻給所有讀者的心情當然佔了大部分，但對我而言，本書更像是一首獻給林先生的安魂曲。

［尾聲］

找出專屬於你的喜愛拉麵之道

距離荻窪站徒步沒多遠的巷子裡，有家叫「麵家」的拉麵店，是我首次好好認識到無化調拉麵美味的地方。我從以前就很不擅長記店主的相貌和名字，更完全不會找店主聊天，但在某次機會下，店主藤原先生竟然主動向我搭話。後來，雖然因為藤原先生和病魔奮戰，店面反覆長時間休業，我與他之間卻也維持了數年淡淡的交誼。可病魔無情地折磨著藤原先生，於是店面的營業時間縮短，菜單品項不斷減少，最後連味玉都無法提供，只剩下「拉麵」一項。隨著藤原先生與世長辭，店鋪在數天後就正式歇業了（2005年）。藤原先生雖然面對著死亡，卻仍堅持在廚房撐到最後一刻。

在他生前，我曾在某家酒館辦作品展。那是把靜物畫成實物大小的寫實插畫展，裡頭當然也包括我最喜歡的「麵家」拉麵。藤原先生抱病來看展，還希望我把那幅作品賣給他。「你明明是專業的，只收這樣真的可以嗎？」

他買的時候還這麼說著。這本書封底的插畫，就是當時為了掃描而留下的圖檔。當時沒能幫上藤原先生的失落、悔恨，或許就是讓我今天得以從事協助拉麵店工作的原動力。

在此，我想要感謝手把手教著非專業作家的我如何企劃，並幫我編輯本書的著述家、編輯者石黑謙吾先生、為本書設計出優美版面的設計師吉田考宏先生，還有認可本書企劃的光文社編輯樋口健先生，與為台灣版發行盡心盡力的工作人員。我在出版過程中也了解到，原來一本書的誕生，需要這麼多人的幫忙。向各位致上感謝。

本書既非評論書，也不是探店指南，而是一本講述如何喜愛拉麵的書。不過，寫在書裡的全都是「我個人的方法」，所以希望各位讀者把這當成線索，並找出專屬於你的方法，這將是我莫大的榮幸。

那麼，再會了，在某一家拉麵店裡。

青木健

[参考文献]

拉麵相關書籍

『ベスト オブ ラーメン ＩＮ ＰＯＣＫＥＴ』麺'ｓＣＬＵＢ（文藝春秋）
『何回もいきたくなるラーメン店１００』武内伸（講談社）
『超凄いラーメン』武内伸（潮出版社）
『ラーメンの真髄』石神秀幸（ＫＫベストセラーズ）
『ラーメン最強うんちく』石神秀幸（晋遊舎）
『日本ラーメン秘史』大崎裕史（日本経済新聞出版社）
『無敵ラーメン論』大崎裕史（講談社）
『自称「日本一ラーメンを食べた男」の日記』大崎裕史（コーエー）
『ラーメン大全』西尾了一（旭屋出版）
『東京・味のグランプリ２００』山本益博（講談社）
『ラーメンを味わいつくす』佐々木晶（光文社）
『全国やみつきラーメンＢＥＳＴ１００』山内直人（マガジンハウス）
『人生で大切なことはラーメン二郎に学んだ』村上純（光文社）
『トーキョーノスタルジックラーメン』山路力也（幹書房）
『取材拒否の激うまラーメン店』はんつ遠藤（廣済堂出版）
『無化調ラーメンＭＡＰ　東京・神奈川・千葉・埼玉』はんつ遠藤／取材・執筆・撮影　阪井博昭／アドバイザー（幹書房）
『うまいラーメン屋の歩き方』はんつ遠藤（生活情報センター）
『全国ご当地麺紀行』はんつ遠藤（ゼネラル・プレス）
『ラーメンが好きっ!』はんつ遠藤（駿河台出版社）
『魂のラーメン』小野員裕（プレジデント社）
『ラーメンのある町へ!』小野員裕（新潮社）
『ラーメンライダーが行く!』林英男／著　石黒謙吾／編（エクスナレッジ）
『日本初の［女性ラーメン評論家］になっちゃいました!』本谷亜紀（扶桑社）
『Ｒａ：』田中貴／監修（学研パブリッシング）

讀物

『湯気のむこうの伝説 ラーメン偉人伝』垣東充生／著　大村明彦／企画（新宿書房）
『ラーメン大好き!!』東海林さだお編（新潮社）
『小説 中華そば「江ぐち」アクマとタクヤのラーメン屋』久住昌之（新潮社）
『食い意地クン』久住昌之（新潮社）
『アジアラーメン紀行』森枝卓士（徳間書店）
『ラーメンをつくる人の物語〈札幌の20人の店主たち〉』長谷川圭介（エイチエス株式会社）
『ラーメンをつくる人東京』長谷川圭介（エイチエス株式会社）
『ラーメン道場やぶり』江口寿史×徳丸真人（集英社インターナショナル）
『ラーメンひと図鑑』原達郎（弦書房）
『ラーメン屋バカ一代 哀愁の経営失敗物語55』内海啓比己、鈴木靖人（幻冬舎）
『ずるずる、ラーメン』杉田淳子、武藤正人／編（河出書房新社）
『ラーメンの誕生』岡田哲（筑摩書房）
『ラーメンがなくなる日』岩岡洋志（主婦の友社）
『ラーメンと愛国』速水健朗（講談社）
『味な店 完全版』平野紗季子（マガジンハウス）

其他麵類相關書籍

『うどん手帖 死ぬまでに一度は食べたい!!全国の名店50＋α』井上こん（スタンダーズ・プレス）
『ちょっとそばでも 大衆そば・立ち食いそばの系譜』坂崎仁紀（廣済堂出版）
『うまい!大衆そばの本』坂崎仁紀（スタンダーズ・プレス）
『立ち食いそば大図鑑［首都圏編］』東京ソバット団（スタンダーズ・プレス）
『もっとソバ屋で憩う―きっと満足１２３店―』杉浦日向子とソ連（新潮社）
『調味料全書 II だしフォン湯と調味料』（柴田書店）

MOOK

『２０００年ラーメン王 石神秀幸 東京 厳選!１１３店』石神秀幸／企画・執筆・監修（双葉社）
『２０００年ラーメン王 石神秀幸 横浜・神奈川・千葉・埼玉 厳選!１１２店』石神秀幸／企画・

『語るラーメン東京 身も心もあったまる本当においしい115軒』（枻出版社）
『めんの本 一生添い遂げたい、東京麺150』（京阪神エルマガジン社）
『どきどきめんライフ 京阪神のみなぎってる麺300玉』（京阪神エルマガジン社）
『ＢＲＵＴＵＳ特別編集 合本 ラーメン、そば、うどん』マガジンハウス／編（マガジンハウス）
『東京Ｂ級グルメ放浪記』鈴木隆祐（光文社）
『町中華とはなんだ　昭和の味を食べに行こう』町中華探検隊（立東舎）
『マジうま！ 史上最強！21世紀ラーメン』（ぴあ）
『最新！最強！究極のラーメン』（ぴあ）２００２～
『ラーメンWalker』（ＫＡＤＯＫＡＷＡ）２００８～
『ＴＲＹラーメン大賞』講談社／編（講談社）２０００～

雑誌

『dancyu １９９７年12月号』（プレジデント社）
『dancyu ２００８年２月号』（プレジデント社）
『dancyu ２００９年２月号』（プレジデント社）
『dancyu ２０１５年１月号』（プレジデント社）
『dancyu ２０１６年２月号』（プレジデント社）
『dancyu ２０１８年１月号』（プレジデント社）
『石神秀幸 ラーメンSELECTION ２０１１』石神秀幸／企画・執筆・制作総指揮（双葉社）
『石神秀幸 神ラーメンSelection ２０１２』石神秀幸／企画・執筆・制作総指揮（双葉社）
『POPEYE特別編集 ラーメン王・石神秀幸徹底調査 最強のラーメン！』マガジンハウス／編（マガジンハウス）
『るるぶ情報版 うまいラーメン１５０選』立石憲司／監修（ＪＴＢ）
『るるぶ情報版 東京のラーメン屋さんドットコム』大崎裕史／監修、立石憲司／協力（ＪＴＢ）
『ラーメンWalkerが厳選！東京うまいラーメンベスト１００』ラーメンWalker編集部（ＫＡＤＯＫＡＷＡ）
『週刊現代 ２００２年 最強のラーメン３０７軒首都圏版』講談社／編（講談社）
『究極ラーメン２００店 ２００４ 首都圏版』清水博丈、森住康二、庄司武志、後藤浩二（日本文芸社）
『佐野実＆武内伸 ラーメン見聞録 ラーメン界の最強タッグが魂で選ぶ感動の２４５店』佐野実／取材・監修　武内伸／取材・執筆（日本文芸社）
『ガチンコ親父 佐野実 オレが喰ったラーメン』門脇宏／編集 支那そばや店主・佐野実、武内伸／執筆　中川惣一郎／編集協力（講談社）
『実物大ラーメン図鑑』学研パブリッシング／編（学研プラス）
執筆・監修（双葉社）
『石神秀幸 21世紀ラーメン伝説 東京／神奈川／埼玉／千葉 首都圏激うま２００店』石神秀幸／監修（双葉社）
『石神秀幸 ラーメンSELECTION ２００２』石神秀幸／企画・監修（双葉社）
『石神秀幸 ラーメンSELECTION ２００３ 選び抜かれた珠玉のラーメン１２５軒』石神秀幸／企画・執筆（双葉社）
『石神秀幸 ラーメンSELECTION ２００４味覚を震わす魅惑のラーメン１７２軒』石神秀幸／企画・執筆（双葉社）
『石神秀幸 ラーメンSELECTION ２００５神の舌を唸らせた１９８軒』石神秀幸／企画・執筆（双葉社）
『首都圏ベストラーメンガイド２００６ 本当にウマイラーメンだけをラーメン王・石神秀幸が３００軒集めました』石神秀幸／企画・執筆（双葉社）
『首都圏NO.１ラーメンガイド２００７ 石神秀幸 選定 本物のラーメン３００』石神秀幸／企画・執筆（双葉社）
『石神秀幸 ラーメンSELECTION ２００８東京・神奈川・埼玉・千葉』石神秀幸／企画・執筆（双葉社）
『石神秀幸 ラーメンSELECTION ２００９』石神秀幸／企画・執筆（双葉社）
『石神秀幸 ラーメンSELECTION ２０１０』石神秀幸／企画・執筆（双葉社）

經營類書籍

『行列のできるラーメン店づくり 超繁盛を呼ぶイメージ戦略と仕掛け』土屋光正（商業界）

『ラーメン屋の看板娘が経営コンサルタントと手を組んだら』木村宏弘（幻冬舎）

『１日３００人が行列する人気ラーメン店のつくり方』木村宏弘（同文舘出版）

『ラーメン二郎にまなぶ経営学』牧田幸裕（東洋経済新報社）

『勝ち組ラーメン　秘訣!リピーターを獲得する!』キンキンラーメン道／田村直己・中村潤（K＆Bパブリッシャーズ）

『中国で一番成功している日本の外食チェーンは熊本の小さなラーメン屋だって知ってますか?』重光克昭（ダイヤモンド社）

『ラーメン屋成功論　１００の法則より１つの制度』豆田敏典（コトコト）

『「ピンチ!即チャンス!!」ラーメンをビジネスに変えた非常識な成功法則』北条晋一（KKロングセラーズ）

網路

「新横浜ラーメン博物館」公式サイト

「メシ通」吉祥寺ホープ軒本舗を抜きにして戦後ラーメン史を語るべからず【豚骨醤油の誕生】

「ラーメン予備校」（ユーチューブチャンネル）

『東池袋・大勝軒のオヤジさんが書いた　これが俺の味』山岸一雄（あさ出版）

『麺絆　太うで繁盛記』山岸一雄、東池袋大勝軒五十周年記念実行委員会（東池袋大勝軒）

『佐野実、魂のらーめん道』佐野実（竹書房）

『五十を迎うるの書　風のつぶやき』河原成美（力の源カンパニー）

『一風堂五輪書　自分が主人公として生きる河原流人生の極意』河原成美（致知出版社）

『一風堂魂』河原成美（潮出版社）

『奇跡のラーメン店は、どのように誕生したか。』草村賢治（旭屋出版）

『どうして人は４時間も『とみ田』に並んでしまうのか　日本一の行列ラーメン店の非常識経営哲学』富田治（講談社）

『一つ星ラーメン店の作り方～「蔦」店主・大西裕貴の成功哲学～』大西祐貴（KADOKAWA）

『うまいぜベイビー伝説』古谷一郎（旭屋出版）

『１年間“がむしゃら”に働くだけで、人生は１８０度変わる』小宮一哲（クロスメディア・パブリッシング）

『ラーメン中村屋の髄道（DASHIDO）若きカリスマの味づくり人づくり』中村栄利（徳間書店）

『アイバンのラーメン』アイバン・オーキン（リトルモア）

『ありがとう。あなたがいてくれたから!』石塚和夫（KKロングセラーズ）

『10th Anniversary“いつのまにかトンコツバカ”』田中剛（ワンスピリッツ）

レジデント社）

『Hanako ２０１５年２月26日号』（マガジンハウス）

漫畫

『ラーメン発見伝』久部緑郎／作　河合単／画　石神秀幸／協力（小学館）

『らーめん才遊記』久部緑郎／作　河合単／画　石神秀幸／協力（小学館）

『一杯の魂 ―ラーメン人物伝― １　行列の御当人ラーメン編』武内伸／作　本庄敬／画（集英社）

『一杯の魂 ―ラーメン人物伝― ２　伝説の御当地ラーメン編』武内伸／作　大泉孝之介／画（集英社）

『一杯の魂 ―ラーメン人物伝― ３　情熱のラーメンドリーム編』武内伸／作　大泉孝之介／画（集英社）

『マンガ・うんちくラーメン』河合単（KADOKAWA）

『ダンナが今日からラーメン屋 立志編・風雲編』野広実由（竹書房）

『ラーメン大好き小泉さん』鳴見なる（竹書房）

『美味しんぼ』雁屋哲／作　花咲アキラ／画（小学館）

『孤独のグルメ』久住昌之／作　谷口ジロー／画（扶桑社）

拉麵店主的著作

『東池袋大勝軒　心の味』山岸一雄（あさ出版）

[SPECIAL THANKS] 帶給我拉麵知識和機會的各位（省略敬稱）

山本一平（「麺処 若武者」福島・二本松ほか）
齋藤直（「ワンタンメンの満月」酒田ほか）
井川真宏（「JUNK STORY」大阪）
大久保茂雄（「ラーメン 海鳴」福岡ほか）
林直治（「麺家 喜多楽」名古屋）
松原龍司（「龍旗信」大阪ほか）
赤迫重之（「無鉄砲」奈良ほか）
大橋英貴（「頑者」本川越ほか）
富田治（「中華蕎麦 とみ田」松戸ほか）
飯田将太（「らぁ麺 飯田商店」湯河原ほか）
高野多賀子・正弘（「中華そば 多賀野」荏原中延）
古谷一郎（「なんつッ亭」渋沢ほか）
須藤剛（「RAMEN CiQUE」南阿佐ヶ谷）
鯉谷剛至（「地雷源」）
阪田博昭（「麺や 七彩」八丁堀ほか）
岩佐俊孝（「博多長浜とんこつラーメン御天」下井草）
飯野敏彦（「東池袋大勝軒」東池袋ほか）
田中剛（「博多長浜とんこつラーメン田中商店」六町ほか）
渡邊保之（「中華そば きび」明大前ほか）
前島司（「せたが屋」駒沢ほか）
竹田敬介（「銀座鴨そば七代目けいすけ」銀座ほか）
嶋崎順一（「らぁめん矢 ロックンビリーS1」尼崎）
佐野しおり・史華（「支那そばや 本店」戸塚）
一条安雪（「一条流がんこラーメン総本家」四谷三丁目）

ざみ野）
吉川和寿（「寿製麺 よしかわ」川越ほか）
丸岡匡太郎（「中華そば専門 とんちぼ」高麗）
大 西 祐 貴（「Japanese Soba Noodles 蔦」代々木上原）
山本敦之（「SOBAHOUSE 金色不如帰」新宿御苑前）
武川数勇（「らーめん天神下 大喜」仲御徒町）
黒木直人（「饗 くろ㐂」秋葉原）
山田雄太（「らーめん えんや」王子）
古宮正俊（「鶏びあんSoba みやみや」八王子ほか）
山田貴真（「麺や 金時」江古田）
平松恭幸（「ラーメン 巌哲」早稲田）
髙橋夕佳（「焼きあご塩らー麺 たかはし」新宿ほか）
宮田朋幸（「百麺」中目黒ほか、「誠屋」八幡山ほか）
蓮沼司（「生姜醤油専門 我武者羅」幡ヶ谷ほか）
千代田英司（「豚骨ラーメン じゃぐら高円寺」高円寺）
宮本堅太（「東京スタイルみそらーめん ど・みそ」京橋ほか）
角田匡（「らーめん えにし」戸越銀座）
石崎大介（「麺菜 Regamen」北参道）
松本久夫（「秋刀魚だし 宣久」芦花公園）
磯亮平（「自然派ラーメン 花の季」宇都宮）
松本潤一（「らーめん 潤」新潟ほか）
塚田兼司（「気むずかし家」長野ほか）
早坂雅晶・てるこ（「五福星」仙台）

拉麵店主

生田悟志（「すごい煮干ラーメン」凪）と凪の仲間たち
西尾了一（株式会社 凪スピリッツジャパン）
藤崎茂也（「吉祥寺武蔵家」吉祥寺）
中村泰介（「麺処 井の庄」石神井公園ほか）
垣原康（「味噌麺処 花道」野方）
丸目精一（「中華蕎麦 丸め」東久留米）
下村浩介（「くじら食堂 nonowa東小金井店」）
伊藤真啓（「つけ麺 五ノ神製作所」新宿ほか）
林真剛（「らーめん はやし」渋谷）
長尾大（「長尾中華そば」青森ほか）
石山勇人（「八甲田麺業R」青森）
金子哲也（「麺処 一笑」南阿佐ヶ谷）
山崎尚久（「らーめん まるめん堂」東伏見）
牟田伸吾（「中華そば ムタヒロ」国分寺ほか）
新井博道（「中華そば ムタヒロ」国分寺ほか）
菊地輝（「輝道家」野方）
杉本康介（「らぁ麺 すぎ本」青葉台）
山口裕史（「らぁ麺 やまぐち」高田馬場）
品川隆一郎（「BASSO」江戸川橋ほか）
渡辺樹庵（「渡なべ」高田馬場）
星野能宏（「ラーメン きら星」武蔵境）
内田元（「らあめん 元」蓮根）
中坪正勝（「麺の坊 砦」神泉）
玉川正視（「つけめん 玉」川崎ほか）
窪川剛史（「麺屋 KABOちゃん」駒込）
角野雅也・薫（「らーめん 雅楽」あ

ギュウゾウ 限界!
ササボン サミー
サル番長 じたろう
ジャック jun
ジン ずっきん
須永辰緒 somenman
タロ～ ＴＴ
D DJ AKAKAGE
なつき なべ
なこ なまぞー
nonch pakio
ばぶ はやぶさ
びっぐ HIRYU
ぴんきー 文月
FILE ぼぶ
マッハ まろ
みうたんパパ みーちょこりん
めいちゃん Mr.Dolphin
柳生九兵衛 ライダカ
らすきぃ レイラ

- -

故・金裕景（「二代目にゃがにゃが亭」）
故・齋藤賢治（「東京スタイルみそらーめん ど・みそ」）
故・藤崎育弘（「武蔵家」）
故・佐野実（「支那そばや」）
故・山岸一雄（「東池袋大勝軒」）

拉麵評論家

大崎裕史 石神秀幸
河田剛 山本剛志
山路力也

- -

故・武内伸 故・北島秀一

拉麵業者

松本桂汰（ラーメンWalker）
宮内孝典（ラーメンデータバンク）
片岡万里（日本ラーメン協会）
木村康弘（繁盛塾）
磯部優（ラーメンプロデューサー）
川瀬裕也（ハッピーツリー）
不死鳥カラス（浅草開化楼）
鳥居憲夫（大成食品）
山内素子（大成食品）
荻原哲（大成食品）
深澤公仁（大成食品）
知見芳典（麺屋 棣鄂）
宮内厳（三河屋製麺）
後藤眞一郎（白雅堂）

拉麵界的友人

あまおじさん あらかわ家
イチロー GAKU
がんこ会メンバー 神田武郎

青木 健

（あおき・けん）

1969年生於埼玉縣，日本大學藝術系畢業。

專精研究拉麵業界，以設計師、插畫家、漫畫家、寫手等多重身份活躍中。

至今已負責設計超過50家知名拉麵店的商標，

曾協助在海內外開設數十家分店的「凪（Nagi）」集團創業，首家在《米其林指南》獲得一星榮譽的「Japanese Soba Noodles 蔦」也曾由他經手，打造許多熱門店家，在業界廣獲信賴。

自2009年起，在創業超過100年的老牌製麵公司「大成食品」旗下負責支援拉麵店獨立創業的「鳥居式拉麵塾」擔任設計講師。

2021年，參演東京電視台節目《發現出格者了（レベチな人、見つけた）》，被主持人北野武選為「最令人在意的出格者」，大受好評。

曾於西武鐵道發行的刊物《西武News cocotto》連載專欄〈青木健的拉麵各站停車〉（2016年～2018年）。

負責監修西武鐵道的「拉麵拉力賽2017」。

曾上過CS富士電視台的節目《拉麵WalkerTV2》。

曾向旭屋出版的《拉麵店繁盛BOOK第15集》投稿〈拉麵店的商標設計〉。

拉麵之魂

從派別系譜、年代發展到商業經營，探索日本最強國民美食的究極指南

日文版 STAFF

文字・照片 …… 青木健
企劃・編輯 …… 石黒謙吾
設計 …… 吉田考宏
編輯 …… 樋口健（光文社）

排版 …… 藤田ひかる（ユニオンワークス）
製作 …… （有）ブルー・オレンジ・スタジアム

感謝協助 …… 柄澤麻紀子（ミラックスセラピューティクス株式会社）
柳崎一紀（「ラーメン大至」御茶ノ水）
「レベチな人、見つけた」（テレビ東京系）
伊川琴音（ジーヤマ）
児玉昌平（グレート・スコット）

作者青木 健
譯者哲彥
主編呂宛霖
責任編輯黃琪微
封面設計羅婕云
內頁美術設計李英娟

執行長何飛鵬
PCH集團生活旅遊事業總經理暨社長李淑霞
總編輯汪雨菁
行銷企畫經理呂妙君
行銷企劃專員許立心

出版公司
墨刻出版股份有限公司
地址：台北市115南港區昆陽街16號7樓
電話：886-2-2500-7008／傳真：886-2-2500-7796
E-mail：mook_service@hmg.com.tw
發行公司
英屬蓋曼群島商家庭傳媒股份有限公司城邦分公司
城邦讀書花園：www.cite.com.tw
劃撥：19863813／戶名：書虫股份有限公司
香港發行城邦（香港）出版集團有限公司
地址：香港灣仔駱克道193號東超商業中心1樓
電話：852-2508-6231／傳真：852-2578-9337
製版・印刷藝樺彩色印刷製版股份有限公司・漾格科技股份有限公司
ISBN978-986-289-746-1・978-986-289-747-8（EPUB）
城邦書號KJ2070 **初版**2022年9月 **二刷**2024年5月
定價420元
MOOK官網www.mook.com.tw
Facebook粉絲團
MOOK墨刻出版 www.facebook.com/travelmook

國家圖書館出版品預行編目資料

拉麵之魂：從派別系譜、年代發展到商業經營，探索日本最強國民美食的究極指南 /清木健 作；哲彥 譯. -- 初版. -- 臺北市：墨刻出版股份有限公司出版：英屬蓋曼群島商家庭傳媒股份有限公司城邦分公司發行, 2022.9
208面；14.8×21公分. -- (SASUGAS ;70)
譯自：教養としてのラーメン ジャンル、お店の系譜、進化、ビジネス——50の麺論
ISBN 978-986-289-746-1(平裝)
1.飲食風俗 2.麵 3.日本
538.7831　　111011648